明石ライブラリー 166

佐藤 裕［著］

新版 差別論

偏見理論批判

明石書店

目次

第1部　理論編

はじめに

1 差別論について

世の中には多くの差別があり、それぞれに固有の問題を抱えています。そして、それぞれの差別に固有の状況を明らかにし、その原因を突き止め、解決の方法を見出すために多くの研究がなされてきました。

これらの個別の差別についての研究は、互いに影響を与え合いながらも独自に発展し、それぞれの理論的な枠組みを作ってきました。たとえば、性差別についての理論（フェミニズム）の中心的な概念のひとつに「家父長制」というものがありますが、これはあくまでも性差別についての理論であり、そのままほかの差別に流用できるものではありません。

しかし一方では、さまざまな差別は「差別問題」という言葉で表される限り、何らかの共通性を持っているはずです。それではその共通性はどこにあるのでしょうか。

大雑把にいえば、さまざまな差別の共通性は「差別する側」にあります。人はどうして差別をするのか。あるいは特定の人々を排除したり攻撃したりおとしめたりする理由は何か。このような問題は、さまざまな差別の問題に共通のテーマとして設定することが可能だし、現に特定の差別に依拠しない理論が作られてきています。その代表格が、本書が批判の対象とする偏見や差別意識に関する理論です。

本書のタイトルである「差別論」という言葉は、個別の差別について論じるのではなく、さまざまな差別の共通点を扱うのだということ、そして、「差別する側」に着目して考えていこうとしているのだということ、とりあえずはこの二つを頭に入れてもらえればいいと思います。

実は「差別論」という視点には、もっと大きな意味があるのですが、それは本書を読み進めていただければ徐々に明らかになってくると思います。

2 差別という言葉をめぐる混乱

「差別」というのは、とかく論争の種になりやすいテーマです。しかも、しばしば議論は混乱し、まったく噛み合わなかったり平行線をたどったりします。このことには、差別問題特有の困難性、すなわち議論が混乱してしまういくつかの原因があると私は考えています。

本論に入る前に、そういった混乱の原因を整理し、可能なものについては混乱を避けるためのある程度の方向性を示しておこうと思います。

(1) 定義の問題

差別問題の議論、とりわけ先に述べた「差別論」という立場からさまざまな差別の共通点を考えていくときには、差別をしっかりと定義することが必要です。しかし、これは簡単なことではありません。

差別の定義については第1章で詳しく説明しますが、ここではどのような混乱が生じているのかを簡単に説明しておきたいと思います。

たとえば、女性に対する就職差別を考えてみましょう。ひとつの考え方としては、女性が男性に比べて就職のチャンスが狭められているという事実そのものを「差別」と捉えることが可能です。この場合、差別は「結果」です。したがって、就職の機会の不均等が生じている「原因」は、差別という言葉を使わずに説明する必要があります。

しかし一方では、「差別によって就職の機会の不均等が生じている」という捉え方もありえます。この場合は、差別は「原因」です。

この二つの見方には、どちらにも理由があります。

「差別」はまず何よりも告発の言葉です。不当に排除され、抑圧され、機会を奪われた人たちが、そういった状況を告発するときに「差別」という言葉が使われます。差別は不当な「現実」であり、それを告発する際に「原因」を説明する必要はありません。就職差別なら、女性だから採用しないというのは、いかなる理由があろうとも不当なことであり、差別だという考え方です。この場合の不当性の根拠は、「権利」あるいは「人権」という考え方です。人権が奪われているという不当な現実こそが差別であるという考え方は、説得力を持ち、差別の告発に確固たる根拠をもたらします。

しかし、人権が侵害されているということだけでは差別の定義としては不十分です。もう一度女性に対する就職差別の例で考えてみると、「採用されなかった」という事実は客観的であり、自分には十分な能力があるし必要な条件も満たしているので、評価は不当であるということもいえるかもしれません。しかし、「女性だから」採用されなかったのかどうかは、結果だけからはわかりません。

完全に個人的な理由による権利侵害は通常差別とは呼ばれません。「女性だから」「部落出身者だから」「韓国・朝鮮人だから」など、ある集団に属していたり、ある属性を持っていることが権利侵害の理由になっていることが、差別の定義には盛り込まれなくてはならないでしょう。そのことによって初めて差別問題は個人的な問題ではなく社会的な問題となるのです。

そのため、差別の定義は「原因」についても触れざるをえません。女性に対する就職差別は、採用する側がどこかで「女性である」という基準をおおっぴらに、あるいは暗黙のうちに、無意識のうちに用いていることが「差別」の条件になります。

このように、差別の定義は、「原因」にも「結果」にも言及せざるをえないのですが、このことがさまざまな混乱の原因になっています。

たとえば、差別発言について考えてみましょう。この場合、「結果」にあたるのは、その発言の影響です。特定の人々（マイノリティという言葉をとりあえず使います）を傷つける発言であるとか、特に影響力の強い立場、政治家などの場合、マイノリティに対する攻撃を誘発するなどの「結果」が考えられます。これだけでも十分に不当（あるいは不適切）な発言であるといえるでしょうが、差別発言であると認知されるには、さらに「原因」を明らかにすることが必要です。

しかし、発言の「原因」は簡単には特定できません。最もわかりやすいのは、発言をした人がマイノリティを侮辱したり攻撃を扇動したりする意図を持っていたという場合ですが、そういった意図が明確なケースはまれだといえるでしょう。それでは、攻撃的な意図が明らかでない場合はどう考えればいいのでしょうか。

ここで判断はいく通りにも分かれてしまいます。まず、攻撃的な意図は差別と認定するための必要条件であるのか。もし必要条件であるなら、それをどのようにして確認するのか。必要条件でないなら、「結果」だけで差別だと認定できるのか。あるいは何か別に「原因」の認定方法があるのか。実際は、こういったことはあいまいなまま、差別問題についての議論は行われ、そしてそれが混乱を招く原因になっていると私は考えています。

しかし、このような問題は、差別問題について深く考えていく糸口にもなるのです。本書では差別の定義の問題を、単なる議論の対象を限定するための定義としてではなく、定義の混乱こそが差別の仕組みを解明するカギ（のひとつ）であると捉えて考えていきます。

（2）認識のズレ

差別問題は一般に、差別される側と差別する側で認識に大きなズレがあるといっていいでしょう。差別される側が明らかに差別であると感じている行為や状況を、差別する側はそのことに気がつかなかったり、指摘されても理解できなかったり、あるいは差別ではないと認識していたり、そういったことはしばしば起こります。

このような認識のズレがさまざまな混乱を引き起こすことはいうまでもないと思いますが、それではなぜ認識のズレが起こるのでしょうか。

ひとつの考え方は、差別される側の状況についての認識不足や誤解が認識のズレの原因だというものでしょう。たとえば、ほとんど感染の危険のない病気を近くにいるだけで感染してしまうと誤解して身の回りから遠ざけようとするといった場合が、それに当てはまるかもしれません。しかし、本当に単なる誤解にすぎなければ、それは容易に修正されるはずです。

でも実際には、認識のズレは容易に解消されません。これは差別問題の解決を難しくしている最大の要因だといってもいいでしょう。ある状況が差別であるという認識が何の苦労もなくすべての人に共有できれば、あらゆる差別問題は簡単に解消もしくは大幅に改善されているはずです。つまり認識のズレがなぜ起こるのかという問題は、差別問題を理解し、解決していくためのカギになっていると思います。

もちろん、こんなことはいまさら改めて指摘するまでもなく、すでにちゃんとこの点を説明する理論は作られています。それが、本書が批判の対象としている「偏見理論」です。私は「偏見理論」は間違っているし、有害だと考えているのですが、その理由はこれから順を追って説明していくとして、ここではやや論点の先取りになりますが、認識のズレのもうひとつの問題を指摘しておきたいと思います。

それは、差別する側と差別される側で認識にズレがある場合、差別される側の認識が優先される場合があるということです。差別される側の認識は被害の事実に基づいています。それはしばしば、だれもが認めざるをえない明白なものです（そうでなければ告発そのものが成立しない場合が多い）。しかし一方、差別する側は、自分が差別していないということを立証するのは一般的に困難です。いかに「そんなつもりはなかった」と抗弁しようが、結果として起こったことまで否定するわけにはいきません。

このことは、差別する側にとって、自分の行為が相手から一方的に意味づけされるという感覚をもたらします。

たとえば、セクシュアルハラスメントに関して、「相手によってセクハラになったりならなかったりすることは納得がいかない」とか「何がセクハラになるのかわからない」といった不安や反発を口にする男性は多いのですが、これも同じ仕組みによるものです。

誤解しないでほしいのは、優先されるといっても、差別される側の言い分が認められるということではありません。むしろ、差別する側が感じる不安や反発が、開き直りや感情的な言動、また差別問題にかかわりたくないという気持ちを生み出し、差別問題の解決を困難にしているのではないかと考えているのです。そして、本書ではこういった問題の解決の方法を提案しようとしています。

(3) 差別の不当性

「差別」はまず何より告発の言葉ですから、差別を問題にする限り差別の「不当性」という論点に触れざるをえません。いかなる差別問題に関する言説も「不当性」という論点から自由であることはできないのです。「ここに差別がある」あるいは「これが差別の事例である」と取り上げる、それだけですでに「告発」という意味を持ってしまうのです。

こういった問題を回避し、政治的に中立な立場から差別を論じようとする試みは、なかなかうまくいきません。「これはだれが見ても差別だと思うだろう」という事例（そういうものがあれば、という話ですが）だけを取り上げ、そういったもののみを考察の範囲とすると、とても差別一般を包括的に考えることはできなくなります。差別について論じようとすれば「不当性」について何がしかの見通しをあらかじめ持たなければ、確かな議論の土台は作れません。

しかしながら、「差別はいかなる意味において不当なのか」というごく基本的と思える点についても、十分な共通見解は得られていないのが現状ではないかと思います。これは差別の定義の問題とも結びついて、差別についての議論に混乱をもたらしていると思います。

3 本書の構成と方針

本書は基本的に「理論書」です。具体的な差別問題の状況や問題点を取り上げて記述したり説明したりすることが目的なのではなく、端的にいって「差別はなぜ起こるのか」「どうしたら差別はなくなるのか」という問いに正面から答えようとするものです。

しかし、本書が志向する理論は「実践的な理論」です。そういう意味では「差別はなぜ起こるのか」という問いより「どうすればなくなるのか」という問いを優先させようとしています。「なぜ起こるのか」という問題は、「どうすればなくなるのか」を考えるにあたって必要な範囲でわかればいいのだという割り切り方をしています。

実際に本書を読み進めると、「この点についてはまだよくわかっていないからパスして、先に進みましょう。それでもとりあえずなんとかなりますよ」といった感じで、わからないところをそのままにしてしまっている箇所がいくつか出てくると思います。そのような扱いは、本書を「実践的理論書」として構想しているためなのだとご理解いただきたいと思います。

本書は、特に専門的知識や差別問題の現状などについての詳しい認識を持っていない方にも読んでいただけるように、なるべく平易な文章と、身近な事例を使うように心がけました（それでも難しいところはたくさんあるとは思いますが）。専門的な議論は注や補論として本文とは分けましたので、より詳しい説明はそれらを読んでいただきたいと思います。

第1章から第4章までは「理論編」であり、差別の定義の検討から始めて差別をなくすための具体的な方法の提案まで、一貫した視点で書いています。ここはできるだけ順を追って読んでいただきたいと思います。

第5章から第8章は「事例編であり」、それぞれ性質の異なる四つの事例について、理論編で説明した考え方に基づいて分析したものです。こちらは特に順番を気にする必要はなく、場合によっては理論編より先に読んでいただいても結構です。

第1部 理論編

第1章 差別の定義

1 社会的カテゴリーと差別

すでに説明したように、完全に個人的な理由による権利侵害は差別とは呼ばれません。そのため、差別の定義では、どのような人々が差別されているのかを明示する必要があります。個別の差別問題の定義においては、それは比較的容易ですが[1]、包括的な定義においては、抽象的な言葉を使わざるをえず、多少めんどうです。

最も単純な考え方は、「(社会)集団」という言葉を使う方法です。たとえば、「差別は特定の社会集団に属する個人を違ったように扱う行動を意味する」(新保、一九七二、一一頁)といった定義の仕方です。しかし、社会集団という言葉はメンバーの間の具体的な相互作用があり、なんらかの「実体」を持っていることを意味していますので、さまざまな差別の包括的な定義を行ううえでは実情に合わないことが出てきます。たとえば「女性」全体が実体を持った社会集団であるとはとてもいえません。これを回避するためには、「社会的カテゴリー」という言葉を使うことが適切でしょう。社会的カテゴリーというのは、なんらかの共通性を持った人々をひとくくりにする言葉で、これなら「女性」はもちろん社会的カテゴリーだし、身体的特徴についての侮蔑的な表現、たとえば「かたわ」とか「ハゲ」とかも含めて考えることができます。なんらかの社会的カテゴリーが用いられることが差別の条件だと考えていいでしょう。

それでは、社会的カテゴリーと差別とはどのような関係にあるのでしょうか。実はこの点に関しては二種類のやや異なった理解の仕方があります。

まずひとつは、社会的カテゴリーによって異なる扱いをしていることが差別であるといった捉え方です。先に示した新保氏の定義はその典型的な例でしょう。「個人に帰することのできない根拠に基づいた有害な区別」（国連差別防止・少数者保護小委員会）といった定義も、ややあいまいですが、同様のイメージを共有しているといえます。性差別について考えるならば、「男は採用するけど女は採用しない」「男はしなくてもいいけど女はお茶くみをしなくてはならない」といったように男女の扱いの違いに着目する考え方です。この例からもわかるように、「扱いの違い」はある行為を「しない」ことも含めて考える必要があります。すなわち、ある人々にはある行為を「する」が、別の人々にはそれを「しない」という違いも含めるわけです。

この場合、社会的カテゴリーは行為の「差異」と結びつくことによって差別の定義を構成しています。そこで、このような考え方を「差異モデル」と呼ぶことにします。

この差異モデルは、差別についての常識的な考え方をかなりうまく表現しているといえるでしょう。「差別」という言葉はしばしば「区別」との関連で論じられます。正当化されない、不当な「区別」が「差別」なのだというように。実際に差別の定義の大部分はこの差異モデルに基づいたものだと考えられます。

しかし、社会的カテゴリーと差別との関係を考えた場合、差異モデルとは異なった見方もまた存在します。実際の定義としては数が少ないのですが、たとえば以下のような定義を考えてみましょう。

生活者が、あるカテゴリーの人々に対して、忌避・排除する行為の総体をいう（江嶋、一九九三）

差別的関係とは、一方の集団が他方の集団を意味づける権利を一方的にもっており、その逆を不可能にする現実的障害に媒介された関係（三橋、一九八三、一九頁）

前者において注目してほしいのは「あるカテゴリーの人々に対して」という部分です。「対して」という表現からわかるように、「あるカテゴリーの人々」は差別行為の受け手、客体です。それでは差別行為をするのはだれかというと、「生活者」というあいまいな表現であり、明確には書かれていませんが、「忌避・排除」という言葉を使っていることからも、基本的には「あるカテゴリーの人々」以外の人ということになるでしょう。すなわち、この場合の「社会的カテゴリー」は差別する／されるという関係と関連づけられているということができます。また後者は「差別的関係」の定義であり、より明確に社会的カテゴリー間の関係について言及しています。このような見方もまた、差別についての一般的なイメージとして存在していると考えられます。差別をマジョリティ集団／マイノリティ集団といった二つの集団の間の対立や権力関係としてイメージする場合には、このような見方が採用されているわけです。この考え方を「関係モデル」と呼ぶことにします。

この二つのモデルをそれぞれの差別問題に適用してみると、その違いがよりわかりやすくなると思います。たとえば女性に対する差別であれば、「女性と男性を差別している」のか（差異モデル）、「男性が女性を差別している」のか（関係モデル）という違いですし、部落差別であれば、「部落と部落外を差別している」のか、「部落外が部落を差別している」のかという違いです。

差異モデルと関係モデルは、どちらがより適切なモデルなのでしょうか。あるいは両方を同時に採用しなくてはならないのでしょうか。まずこの点について考察を進めてみましょう。

説明をわかりやすくするために、女性に対する差別を例にして話を進めます。これ以降の「女性」は任意の被差別者に、「男性」はそれ以外の人々、あるいはマジョリティ集団などと置き換えて読んでいただいてもけっこうです。

すでに説明したように、差異モデルは「女性と男性を差別している」という差別の捉え方です。この場合、だれが差別しているのかは問題になっていません。被差別者ではない「男性」は、差別する側として仮定されているのではなく、差別を明らかにするための比較対象という位置づけになっています。すなわち、「男性」と比較して「女性」の扱いが異なっているかどうかが差別の基準になるという考え方です。

差異モデルの利点は、差別かどうかを客観的に明らかにすることが比較的容易であるという点にあります。「男性は採用しているのに女性を採用しないのは就職差別だ」「男性に比べて女性の管理職の割合が著しく低いのは差別だ」「男性はしなくてもいいのに女性だけがお茶くみをさせられるのは差別だ」といったように、比較によって差別である根拠を客観的に提示することができます。そのため、客観性を必要とする定義、たとえば差別を禁止する法律や条約での定義ではほぼ例外なく差異モデルが取り入れられています。

しかし、単に扱いに違いがあるということだけで差別であると規定することはできません。扱いの違いが不当であることを明らかにする必要があります。具体的な問題への対応では、不当性の証明はそんなにすんなりとはいきません。女性を採用しないのは、結婚や出産で退職する可能性があるので企業として教育投資が無駄になるリスクが高いからだとか、家庭での責任を考えると時間外労働や転勤などをさせにくく労働力として使いにくいからだとか、差別だという告発に対抗する論理はいろいろと考えることができます。さらには、現代においておよそ通用しそうにない論理ですが、女性はそもそも生物学的に仕事よりも家庭（家事）に向いているのだという考え方さえあるかもしれません。これを「偏見」[2]の一言で切って捨てることも可能なのかもしれませんが、問題は、これらの対抗論理をいちいち切り崩していかねば差別だということを明らかにできないということです。

さらに、より重要な問題は、不当であることを証明し、差別を解消させることが困難である構造的な問題が存在し、それもまた「差別問題」を構成する重要な要素なのだということです。

たとえば、現実の問題として就職差別を受けた女性がそれを告発することは可能でしょうか。確かに現在では就職差別を規制する法律もあり、調停機関も存在していますが、残念ながらそれらの制度がすべての問題を解決できるとはいえません。実際には「泣き寝入り」をせざるをえないことが多く、むしろ「嫌なことはさっさと忘れ、気持ちを切り替えて次の就職先を探す」ことが現実的にはよい選択肢である場合も多いでしょう。

このような「現実的な対応」は、もちろん企業対個人という関係のなかでの個人の立場の弱さによる部分も大きいのですが、それだけではありません。性に関する就職差別問題の圧倒的多数が女性に対する差別であるという現実、やや漠然とした言い方ですが、「男性中心社会」だからこそ起こっている問題なのだという視点が必要です。すなわち、不当な結果が生じてしまう原因、あるいは不当な結果を告発したり解消したりすることが困難である要因、それらもまた、「差別」という問題の一部を構成していると考えられるのです。差異モデルではこのような視点は完全に抜け落ちてしまいます。

差異モデルは、差別行為を行為者から切り離します[3]。「だれが差別しているのか」は差別の定義とは無関係です。これは客観的な定義という点においては有利に働く部分もあるのですが、差別の包括的な定義としては重大な欠陥を抱え込んでしまいます。

「女性と男性を差別している」という表現は女性に対する差別を表したものだとしてこれまで議論をしてきましたが、形式的には男性に対する差別も同じ表現でいい表すことができます。すなわち、差異モデルにおいては女性差別も男性差別（というものがあればですが）もまったく同等ということになります。しかし、女性差別と男性差別を同列におくような出発点から差別論を構築することは不可能です。

また、「差別」と「逆差別」（「過度の」優遇措置など）も同等になってしまいます。互いに差別し合って「おあいこ」ではないか、ということでいいのでしょうか。

差異モデルの問題点を一言でいうと、差別する側と差別される側の「非対称性」という要素を無視しているということになります。「非対称性」という言葉は、あとで詳しく考察しますが、とりあえずは多数と少数、大きな権力を持つ者とそうでない者といったように、対等ではなく力関係に差がある状態を示していると理解しておいてください。

差異モデルにまったく意味がないのかというと、私はそのようには考えていません。不当性を見出し、是正していこうとするときには差異モデルは必ず必要になります。いわば対症療法のために必要なモデルであり、しかも差別問題において対症療法は非常に重要です。しかし、なぜ差別が起こるのかを解き明かそうという本書の目的からすれば、差異モデルはまったく不十分なものだといえます。

それでは、関係モデルの場合はどうでしょうか。関係モデルは、差異モデルの問題点を克服できるものだと考えることができます。「男性が女性を差別している」という表現は、差別する側を特定したうえで差別する／されるという関係を表しています。そのため、差異モデルで指摘した問題点はある程度解決できます。女性差別、男性差別を関係モデルで表すと、それぞれ「男性が女性を差別すること」「女性が男性を差別すること」となるわけですが、このように差別する側を特定することによって、男性差別というものが大局的には成立しにくいことが明らかになります。なぜなら、さまざまな制度やルールの制定、組織的な意思決定は男性が中心になって行われていることが多いからです。

仮に男性に対する就職差別があったとしても、それを「女性が男性を差別している」と見なすことができるケースはほとんど考えられないでしょう。

「逆差別」の場合も同様です。もし被差別者に対する優遇措置が「行き過ぎである」と感じる人がいたとしても、それを「被差別者による差別」であると考えることは無理があるでしょう。

このように、関係モデルには差異モデルにはないメリットがあるのですが、実際に関係モデルに基づいた定義を確定していくためには、考えなければならない課題がいくつかあります。

まず、差別する側とされる側の関係の中身は何か、どのような行為が差別なのかという問題を考えてみます。これまではルーズに「男性が女性を差別している」と表現してきましたが、もちろん差別の定義のなかで「差別」という言葉を使うわけにはいきません。「差別している」の部分を別の表現で置き換える必要があります。

置き換える言葉の候補として、まず「攻撃」を検討してみましょう。攻撃は確かに差別行為のひとつの形として想定しうるものです。身体的な暴力としては、たとえばヘイトクライム（hate crime）などがその典型でしょう。日本においてもホームレスへの暴行はこの種の差別として位置づけることが可能です。また精神的な暴力も攻撃であると捉えれば、侮蔑的な差別発言はこれに該当するでしょう。

しかし、差別は必ず具体的な攻撃を伴うとは考えにくいし、また攻撃のすべてが差別であるとはいえません。戦争は他者への攻撃を伴いますが、それ自体は通常差別とは考えられていません。なぜなら差別とはある社会の内部で起こることだからです。このことは関係モデルによる定義を明確にするためのヒントになります。

差別とはある社会の「内部」で起こることのはずですが、差別は被差別者の社会的カテゴリーの「外部」から行われます。これは、差別が本来「内部」である人々を「外部」へと追いやる行為であるからです。関係モデルの「関係」とは、もともと異なっている社会的カテゴリーの間の関係ではなく、「よそ者」という関係を作り出すことが差別なのです。

本来「内部」、すなわちある社会の正当なメンバーであるにもかかわらず、正当なメンバーであると認められなかったり、存在を認められなかったりすること　これらを「排除」という言葉で代表させるなら、それが関係モデルの「差別」を置き換える言葉として最も適当な言葉だといえるでしょう。「攻撃」は「排除」のひとつの現れだと理解することができます。

実は差別を排除として捉える考え方は、差別問題の研究においてかなり有力なものだと思います。たとえば江原由美子氏は「『差別の論理』とその批判」という、差別問題研究においてしばしば引用される論文において、「『差別』とは本質的に『排除』行為である」と明確に述べています（江原、一九八五、八四頁）。しかし、このような考え方が、差別の定義として組み込まれることは、先の江嶋氏の定義のような少数の例外を除いて、ほとんどありませんでした。

これにはいくつか理由があると思いますが、最も大きな理由は、「排除」という考え方では、特定の行為や社会現象が差別であるかどうかを識別することが困難であるということだと思います。そして、その識別困難性は、基本的に差別の不当性をどのように考えるのかということと関係しています。

3 不当性の論理

すでに述べたように、差別はまず何より告発の言葉です。そのため、差別の定義にあたっては、それがいかなる意味で不当であるのかを明らかにする必要があります。そして、不当性の根拠こそが、差別の定義における最大の問題であると考えられてきました。(4) そこで、差異モデルと関係モデルのそれぞれについて、不当性はどのように根拠づけられるのかを考えてみましょう。

まず差異モデルでは、不当性の根拠づけは比較的簡単であるように見えます。「異なる扱い」が不当である理由、それは「平等」という規範に反するからにほかなりません。実際の差別の定義でも「(不)平等」という言葉を用いた定義がいくつか見られます。(5) また、一般的に差別が不当であることの根拠は不平等であるということに求めるしかないのだという見解は、かなり一般的なものであると考えられます。(6)

では、不平等な扱いはなぜ不当なのでしょうか。それは、平等に扱われることが「権利」として構成されているからです。すなわち、差異モデルでは「権利（の侵害）」という論理が差別の不当性を最終的に基礎づけている論理であるといえます。

これは、わざわざいうまでもなく、あたりまえのことかもしれません。最近では「差別（問題）」という言葉よりも「人権（問題）」という言葉の方がよく使われるようになり、従来「差別」の問題として考えられてきたことが、「人権」という言葉で置き換えられている傾向が見られると思います。

それでは、「差別の問題」は「人権の問題」として完全に置き換えてしまうことができるのでしょうか。もしそうなら、いまさら差別の定義などにこだわる必要はないということになります。

しかし、実際には、今のところ「差別」という言葉は「人権」という言葉と併用され続けています。これは、「人権」という概念が（結果の）不当性のみに着目した概念であるのに対して、「差別」は行為など、その不当性をもたらすなんらかの「原因」を含んだ概念だからだと思います。もしそうであるなら、差別は「人権侵害行為」として位置づけることが可能かもしれません。

差別は「人権侵害行為」と同義なのか。この問いかけは、差別というものについて考えるうえで、とても重要な問いであると思います。

差異モデルによる定義では、基本的に「差別＝人権侵害行為」です。それは、差別が不当であることの根拠づけを権利概念に求めているからです。しかし、たとえばある行為を「人権侵害」であると告発した場合と、「差別」であると告発した場合は、かなりニュアンスが違うのではないでしょうか。

このニュアンスの違いを理解してもらうために、セクシュアルハラスメント（告発）をめぐる、ある混乱について考えてみましょう。

セクシュアルハラスメントという概念は、基本的に権利（労働権）を基礎にしています。いわゆる環境型セクシュアルハラスメントは、「脅迫的・敵対的で不快な仕事環境」が形成されることを権利の侵害であると捉え、その権利侵害に対する責任を直接かかわった者と管理者に負わせる論理です。このような論理構成をとる限り、セクハラ行為はあくまでも「権利侵害行為」です。すなわち、まず権利侵害の事実が認定され、それに対する責任（権利を保護する努力をしなかったということも含めて）が問われるのです。端的にいえば、セクハラが「悪い」のは、あくまでも権利侵害に対する責任という意味においてなのだということです。

しかしながら、このような論理が十分理解されず、あたかもセクハラとされる個々の行為（たとえば卑猥な冗談をいったとか、体に触れたとか）それ自体が「悪いこと」であると受け止められるために、男性たちにとってセクハラは不可解なこと、そして場合によっては不当な告発と感じてしまうのだと思います。この不可解さ、あるいは不当と感じる理由を端的にいうと、それは自分が「悪い」ということが相手（の受け止め方）に依存してしまっているということだと思います。相手によって自分が「悪い人」になったりそうでなかったりするのはおかしいじゃないか、というわけです。

このような混乱は、差別問題一般でも起こっていることではないかと思います。すなわち、「人権侵害行為」といった場合は、不当であるという（悪い）ことが人権侵害に依存していることが明確ですが、「差別」だという場合は、「人権侵害」であるということ以外に、「差別」それ自体がなんらかの意味で不当である（悪い）というニュアンスがどうしてもできてしまうのだと思います。

それではこのような混乱を防ぐためにどうすればいいのでしょうか。最も単純な方法は、セクシュアルハラスメントの法理のように、差別を純粋に権利論から構築することです。そのためには、「差別」という言葉はむしろ混乱を招くだけですからこれを放棄し、「人権侵害（行為）」という明快な言葉だけでこれまで「差別」だと考えられてきた問題に対応すればいいのです。

もし本当に差別の不当性が権利論だけで説明しつくせるなら、「人権侵害」だけでいいのでしょうが、実際にはそのようには認識されていないと思います。だからこそ、「差別」という言葉は使われ続けるのではないでしょうか。

たとえば、「偏見」について考えてみましょう。権利論だけで考えるならば、偏見を持つことそれ自体は悪いことでもなんでもありません。仮に偏見を持っているとされる人が人権侵害にあたる行為をしたとしても、その人はただ単に人権侵害についてなんらかの責任があると認定されたから責任を問われるだけであり、偏見を持つことそれ自体を不当とされるわけではありません。しかし、実際には偏見を持っていることはそれだけで（権利侵害とは独立に）「悪いこと」だと認識されているのではないでしょうか。だからこそ「偏見」という言葉もまた告発の言葉として用いられているのでしょう。

偏見が本当に人権侵害とは独立に不当であるといえるかどうかは議論の余地があるとしても、人権侵害という論理とは別に差別には独自の不当性があるのだという認識（それは直感的なものなのかもしれません）が、「人権」とは別に「差別」の定義が必要とされている理由なのだと思います。

以上の考察から、差異モデル（より正確にいうなら、権利概念を不当性の根拠とする定義）は、差別の定義として不適切であると結論づけざるをえません。もし差別の不当性が権利侵害ということにのみ根拠づけられるなら、そもそも差別の定義は不要であり、もしそうではなく権利侵害とは独立に不当性があると考えるのなら、権利概念のみによって不当性を根拠づけるモデルは間違いであるからです。

それでは、関係モデルの場合はどうでしょうか。関係モデルが着目するのは、差別する者とされる者との間の関係ですから、具体的な状況から切り離された抽象的・普遍的概念としての「権利」によって、その不当性を直接基礎づけることはできません。たとえば、ある社会が「男性優位」な社会であり、主要な決定の権限を男性が握っているということを不当であると感じたとしても、それを直接権利概念で基礎づけることはできません。権利概念に基づいて主張できることは、男性が決定権を握っていることによって生じた女性の不利益を「平等」や「人権」という観点から批判することか、もしくは決定に参画する権利（国家の場合であれば参政権）などの実質的不平等を主張することでしょう。いずれにせよ、それらは関係モデルが想定する「男が女を差別している」といったものではなく、「男と女の差別」についての不当性、すなわち「差異の不当性」です。

差別の二つのモデル			
	差別行為のイメージ	不当性の要件	不当性の根拠
差異モデル	異なる扱い	不平等（差異の不当性）	権利
関係モデル	排除	非対称性（関係の不当性）	（なし）

それでは、関係モデルが想定する「関係の不当性」はどのように基礎づけられるのでしょうか。残念ながら、現在のところ、「関係の不当性」を基礎づける十分に体系だった規範理論は存在しないと私は考えています。個々の差別問題については、たとえばフェミニズムにおける家父長制の理論や、マルクス主義の階級理論などがその役割を果たしているのだと思いますが（本来それらは規範理論ではありませんが、事実上そのような意味を持っているのではないかと思います）、それらも「差別の定義」に採用できるほどの普遍性は備えていません。[7]

「関係の不当性」が権利概念によって直接基礎づけることができないということ、これこそが差別の定義を困難、もしくはほとんど不可能にしている本当の原因ではないかと思います。

また、これは定義の問題としてだけではなく、差別問題に関する議論が混乱してしまう原因のひとつでもあるでしょう。人々（特に差別されている人々）が直感的に感じ取っている「関係の不当性」はさまざまな言説として表現されているにもかかわらず、差別告発の、あるいは具体的な要求項目を掲げた運動の論理としては「権利」の主張という形式をとらざるをえません。あるいはそのように受け止められてしまいます。そのために、「関係の不当性」の主張はあいまいになり、あるいはゆがめられてしまうのではないでしょうか。

しかしながら、以上のように差別の定義の問題点が特定できさえすれば、それを踏まえたうえで現実的な対応策を考えることはできます。すなわち、「関係の不当性」を権利概念と切り離して取り上げ、それを（関係モデルによる）差別の要件であると考えるわけです。「関係の不当性」を表現する言葉、すなわち差異モデルにおける「不平等」に対応する言葉としては、「非対称性」が適当だと思います。(8) そして「非対称性」を生み出す行為は、「排除」という言葉を使いたいと思います。(9)

以上の議論を整理すると、前ページの表のようになります。

4 差別論と人権論

差異モデルによる定義と関係モデルによる定義――このいずれが差別の定義として妥当なのでしょうか。あるいはこれらを統合したモデルを考えるべきなのでしょうか。

まず差異モデルによる定義が差別の包括的定義としては不適切であることは、すでに指摘したとおりです。また関係モデルは、権利概念と切り離されていることによって、（特に法的・制度的対応を求める）差別の告発が非常に困難（ほとんど不可能）になるという決定的な問題点を持っています。

それではこの二つをなんらかの形で統合することはできるでしょうか。結論からいうと、それは不可能です。というのは、この二つのモデルは、差別という問題を「問題」として構成する仕方がそもそも異なっているからです。[10]

差異モデルは、不当性の根拠を権利概念に求めるので、いわば「結果」からの問題構成であるということができるでしょう。なんらかの不利益を被った、あるいは人格をおとしめられたといった「不当な結果」から問題を構成するわけです。そのため、なんらかの権利侵害が生じていること（あるいは、その可能性があること）が差別の認定の条件になります。

これに対して、関係モデルは、不当な結果を生み出すような（それ自体が不当である）行為や仕組みに照準を合わせていますので、「原因」からの問題構成であるといえるでしょう。

問題は、この二つの視点によって問題化できる範囲が必ずしも一致しないということです。たとえば「差別発言」について考えてみましょう。「結果からの問題構成」では、差別発言であるかどうかは、純粋にその発言の効果、たとえば特定の人々を傷つける発言であるかどうかといった観点から判断されます。その際、発言をした人がどのような意図でいったのかといったことは基本的に考慮されません。[11]このような限定によって、（結果的に人を傷つける発言という意味における）差別発言をした人は、すべて偏見の持ち主であるといった過剰な想定を避けることができると同時に、侮辱などの意図を持[12]

った発言ではないので、差別（発言）ではないといった反論を封じることもできます。

一方、「原因からの問題構成」では、どのような背景からその発言が生じたのかを問題構成の出発点にしますので、その発言の（文脈のなかでの）意図や発言者の認識などを判断の基準にします。その際、その発言が（権利侵害としての）不当な結果をもたらすかどうかということは考慮されません。この限定もまたメリットのあることです。

議論を単純にするために、それぞれの問題構成の出発点を「結果」「原因」という言葉で表すと、「原因」がなく「結果」だけが存在する場合、もしくは「原因」を考慮する必要がない場合と、「結果」がなく「原因」だけが存在する場合、もしくは「結果」を考慮する必要がない場合が、それぞれ存在するということです。

「原因」がなく「結果」だけが存在する場合とは、たとえば単純な認識不足などに基づいた発言が結果として被差別者を傷つけてしまう場合などです。もちろんその認識不足の背景には、なんらかの「差別的」な背景がある可能性はありますが、それはあくまで可能性ということであり、あらかじめ必ず差別的な背景があると想定してしまうことは問題があるでしょう。そして、より重要なことは、「原因」を考慮する必要がない場合です。人権侵害という被害の回復もしくは抑止のためには、「原因」という論点をひとまずは回避し、「結果」の認定から問題を構成するという手続きをとることが効果的です。すなわち「結果からの問題構成」とは、いわば迅速かつ効果的な「対症療法」のための問題構成なのです。
一方、「原因」はあるが「結果」がない場合とは、たとえば「おんなこども」という表現を考えてみてください。この言葉が否定的な文脈で使われる場合、女性差別（的）ではあるが、「子ども」についてては差別ではないといった部分的な評価はできないはずだと思います。この言葉を女性差別にかかわる表現であると捉える限り、「子ども」差別というのも（「原因」からの問題構成では）取り上げざるをえません。しかし、「結果」からの問題構成においては、大人と子どもの「扱いの違い」のすべてが不当であるとはいいにくいと思います。[13]
以上のように、「結果」からの問題構成と「原因」からの問題構成では、差別という言葉が指し示す範囲に違いが生じてしまいますので、二つの定義が並立するという状況は差別に関する議論に大きな混乱をもたらしてしまいます。そのため、どちらかに差別の定義の座を明け渡してもらい、別の言葉をあてることが必要になります。
私の提案は、差異モデルによる差別の定義を破棄し、この領域は「人権問題」という言葉で捉えるべきであり、関係モデルを（「人権問題」によって「差異の不当性」の領域がカバーされていることを前提にして）差別の唯一の定義としようというものです。すなわち、従来「差別問題」として考えられてきたことを、「人権論」と「差別論」という二つの異なる「問題化の方法」によって考えていこうということです。

念のために補足しておきますと、「人権論」と「差別論」というのは、扱う問題が異なっているということではなく、アプローチの違いです。ある具体的な社会現象について、これは「人権論」の問題、これは「差別論」の問題と切り分けるのではなく、同じ問題を「人権論」から考えるとこのようになり、「差別論」から考えるとこのようになる、といったように、(多くの問題は) 別の切り口からそれぞれ考えることが必要です。

「人権論」と「差別論」という二本立てアプローチの最大のメリットは、二つの「問題化の方法」の混在、二つの「不当性」の混同による議論の混乱を避けることができるという点にあります。この混乱についてはすでに説明してきましたが、ここではもうひとつ別の事例について混乱の様相を説明したいと思います。それは「差異のジレンマ」とでもいうべきものです[14]。

差別にかかわる社会的カテゴリーは意味のあるものなのか、そうでないのか。その社会的カテゴリーの内外でなんらかの差異があるのか、そうでないのか。これは二つの「問題化の方法」が混在している状況では答えにくい問いです。たとえば部落差別において、「被差別部落」などというカテゴリーには本当は意味がないのだ、何も違いはないのだ、という言い方は差別に正当な根拠がないことを示すために有効ですが、一方では、「差別がある」ということを示すためには、「被差別部落」をある程度明確な輪郭を持つ社会的カテゴリーとして描き出す必要があります。そのため、部落差別について議論をする際に、「被差別部落」は厳然として存在しているという見解と、「被差別部落」というカテゴリーは単なる差別のための記号としてのみ存在しているのだという見解が、同時に生み出されてしまうのです。この問題は基本的にすべての差別問題において共通に見られるジレンマだと思います。

このジレンマも、二本立てアプローチによってある程度は回避できると思います。「人権論」の視点では、社会的カテゴリーは具体的な社会状況のなかでなんらかの意味を持っているものとして扱うことが問題を確定する前提条件となりますが、「差別論」の視点では、そのような前提条件は必要ではなく、むしろ「排除」によってその社会的カテゴリーが作られていく仕組みこそが追究されねばならないのです。すなわち、アプローチの違いによって社会的カテゴリー（の差異）が「ある」と考えるのか、「ない」と考えるのかが違ってくるということです。同じ言葉（「被差別部落」など）をそれぞれのアプローチで用いるために、完全に混乱を回避できるとは限りませんが、議論の整理はしやすくなるはずだと思います。

本書のタイトルである「差別論」は、これまで述べてきたような意味での「差別論」、すなわち「人権論」との二本立てアプローチを前提とした「差別論」です。今後は「差別論」という表記はすべてその意味であると理解してください。

「差別論」については、これから詳しく論じていきますので、「人権論」についてここで簡単にその課題などを説明しておきましょう。

「人権論」の主要な課題は、具体的状況における人権の問題を丹念に取り出し、問題化していくことです。そのためには、人権論に関する理論構築も必要でしょうし、さまざまなリサーチ、そして告発というダイナミズムも欠かすことができません。また、見出された「人権問題」を解決するための制度も作っていかなくてはならないでしょう。このように並べてみると、どれもすでに行われていることばかりです。もし私からの提案があるとすればそれはただひとつ、「人権論」と「差別論」の切り分けをきちんとすることだけです。その意味で、私は「差別（行為）の法的規制」という表現は混乱を招く可能性があり、法律の内実はともかく、名前として「差別」という言葉は使うべきではないと思います。

5 排除による差別行為の定義

それでは、「差別論」における差別の定義をもう少し明確にしてみましょう。

これまでの議論のとおり、ベースになるのは関係モデルの定義、すなわち「排除」による定義です。しかし、先に述べたように、「排除」による差別の定義はこれまであまり例がありません。そして、それは「排除」を識別することが困難であることが最大の理由であろうということも指摘しました。

なぜ「排除」が識別困難なのかというと、それは関係モデルにおける「排除」とは、「関係の不当性」（非対称性）にかかわるものだからです。

「排除」とは、もともと（あるいは本来）ある社会のメンバーであるにもかかわらず、そのなかの一部の人々がその社会の外部へと押しやられてしまうことだと考えていいでしょう。それでは、そのような「排除」をどのように捉えればいいのでしょうか。まず考えられることは、「外部に押しやられた」、すなわち「排除」された人々とそれ以外の人々を比較すること、「排除」された人々がある権利を（相対的に）剥奪されているとか、なんらかの不利益を受けているといった状態を示すことです。しかし、すぐにわかると思いますが、これは差異モデルの視点と同じです。すなわち、「排除されている」という状態を示したとしても、それは単に「差異の不当性」を表しているにすぎません。「排除」が差別の基本的な性質であるという認識に立っても、それを客観的に認識しようとすると、結局は「排除」の結果生じた「差異」を捉えるしかありません。差別する者と差別される者という「非対称性」は、客観的な視点、すなわち第三者の視点では決して捉えることができないのです。このことが「関係モデル」による定義がほとんど採用されていない理由だと思います。「関係の不当性」を表現しようとするなら、「外部に押しやる」というダイナミズムそのものを捉えなくてはならないのです。

もちろん「外部に押しやる」といっても物理的に移動させるわけではありません。「外部」という意味づけを与える主観的な操作なのです。それをどうやって捉えればいいのでしょうか。

結論からいうと、「客観的」という条件を無視するしかありません。それでも十分に説得的で実用的な定義は可能なのです。

「排除」が行われるときには、必ず「排除の意図」が表現されなければなりません。その理由は次の第2章で明らかにしますが、単に意図が「存在する」ということではなく、「排除」という仕組みの性質上、それは必ず表現されるのです。この「排除の意図」が関係モデルによる差別の定義の核になります。

一般的に、差別を「意図」から捉える方法は、あまり有効ではないと考えられてきたと思います。差別が「悪いこと」だとされている以上、もし意図があったとしてもそれは隠されるだろうし、場合によっては差別をする者自身が意識していないということもありえると考えられてきたからです。

しかし、「排除」という仕組みに限っていえば、その意図は原理的に必ず表現されなければなりません。その点にこそ、関係モデルによる差別の定義の可能性があるのです。

「排除」による差別の定義を完成させるためには、なぜ「排除」の意図は必ず表現されるのか、という点について十分な説明をしなくてはならないでしょう。そして、そのためにはまず「排除」の基本的な仕組みを明らかにする必要があります。そこで、定義の完成は「排除」についての理論を考察する第2章に持ち越すことにします。

最後に、排除の定義を完成させるために考慮しなくてはならない条件をいくつか挙げておきます。これらもまた、その詳細は次の章で検討します。

まずひとつは、「社会的カテゴリー」という条件です。この章の最初では、まず社会的カテゴリーが用いられることを差別の条件として提示しました。しかし、「排除」と「社会的カテゴリー」の関係は実は複雑です。排除の理論において、社会的カテゴリーは所与の条件ではなく、むしろ排除によって形作られるものだと考えます。すなわち「社会的カテゴリー」ではなく「カテゴリー化」という作用を問題にするわけです。そのため、安易に「ある社会的カテゴリー（に属する人々）を排除すること」という表現を差別の定義において用いることはできません。

もうひとつは、「負の価値づけ」です。被差別者についてなんらかの望ましくない特性を付与することは、差別において普遍的な特徴だといえるでしょう。しかしながら、「排除」という仕組みにおいては、「負の価値づけ」をどのように理解すればいいのかということは、実はかなり難しい課題です。

これらもまた、次の章において「排除」の仕組みを考えるなかで明らかにしていきたいと思います。

注

(1)たとえば女性差別であれば「女性」、障害者差別であれば「障害者」などと簡潔に記述できます。もちろん、その範囲を厳密に特定しようとすればさまざまな問題が生じますが、差別の定義を考えるうえではとりあえずそれらの言葉を使うことが可能です。

(2)「偏見」という概念は、本書の後半(第3章)では批判することになりますが、この章では説明としてわかりやすいと思うので便宜的に使っています。

(3)より正確にいうと、行為者の社会的カテゴリーから切り離すということです。

(4)これまで「差別の定義」について論じたものの多くは、この点、すなわち差別の定義と差別の「不当性」をいかに関係づけるのかという点に関心を払ってきたと思います。

たとえば、坂本佳鶴恵氏は、何が差別であるかということが社会的に共有されているわけではなく、むしろ「差別という現象はある事柄を差別とする人々がいるのに対し、差別でないと主張する人々がいるということに問題の根本がある」ため、差別の基本的性格は「当該社会の人々に差別と判断され、告発されたもの」であるとしています(坂本、一九八六)。さらにその告発の根拠は、さまざまな水準の規範(状況の規範、制度の規範、根拠の規範)の間の“ズレ”であり、その“ズレ”を指摘する作業が告発なのだとしています。

このような見方は、「不当性」の問題についての価値判断をいったん留保し、差別を「社会問題」として価値中立的に取り扱うことができるという意味において、差別問題研究に新しい視角をもたらしたといえます。

また、内藤準氏はより明快な形で差別の概念化における規範的問題の所在を明らかにしています(内藤、二〇〇三)。「弁別する・識別する」という意味での「差別」(〈差別1〉)に、それを不当とする道徳的理由と具体的根拠を加味したものが、「差別という規範的概念」(〈差別2〉)であるとし、この二つの水準が混同されることが差別の定義の失敗であるとしたのです。すなわち、明らかに規範的価値判断を含んでいるにもかかわらず、形式的・客観的に差別を規定できるかのように記述してしまったために混乱が生じていると考えるのです。

これらの主張には、それぞれに学ぶべき点があると思いますが、私の立場からは、「差異モデル」の視点からの不当性問題〈つまり「差異の不当性」〉にしか言及していないという限界があるように思えます。特に内藤氏の場合は〈差別1〉を「弁別する・識別する」という意味であるとしていることからも「差異モデル」としての特徴は明らかです。すなわち内藤氏のいう「不当性」とは、「差異の不当性」に限定されているのです。

「何らかの社会的カテゴリーが関わっているか否か」といった、差別の形式的・客観的な規定と、「悪いこと」としての差別の範囲が必ずしも一致しないという内藤氏の主張は、本書での私の主張と重なり合う部分があります。しかし、社会的カテゴリーの使用は、それ自体が〈ある意味において〉「不当な」ことであり、その不当性は「結果の不当性」には還元できません。すなわち、差別の不当性には二つの水準があり、それが十分識別されていない点にこそ、差別における規範的問題の混乱があるのです。

坂本氏の場合は「差異モデル」としての特徴がそれほど明確ではありませんが、私は反差別運動が告発してきた、あるいは告発しようとしてきた不当性は、さまざまなレベルの規範のズレでは説明しきれないと思います。

差別問題において、ある事象を差別であると考えるのか、そうでないかが争われるということは、確かに一般的に見られることです。しかし、その「争い」自体が対等な土俵の上で行われるわけではありません。差別を告発しようとする者は、大きなリスクを負い、大きなコストを支払って告発に踏み切らざるをえないのに対して、告発される側はしばしば「争い」自体に無関心であったり「争い」を回避しようとしたりします。「争い」自体がそもそも対等なものではないのです。差別された者の怒りは差別行為それ自体に向けられると同時に、それを差別だと気づかないこと、無関心であることにも向けられているのではないかと思います。

このような「もうひとつの不当性」にかかわる問題を、本書では「非対称性」として概念化しようとしています。本書では、非対称性にかかわる規範的問題については十分な考察をしていませんが、もし規範的観点から差別問題について考えるなら、「非対称性」には十分注意を払う必要があると思います。

(5) 坂本佳鶴恵氏が「平等による定義」をいくつか紹介しています(坂本、一九八六)。

(6) たとえば三橋修氏は以下のように述べています。

どのように定義してみても、近代主義的理念をもちだない限り、差別とは、やってはいけない行為だとすることが出来ないということである。俺を差別するとはケシカランと、差別を告発するためにも、その根底に、人間の平等という近代主義的理念がなければ不可能である。（三橋、一九九二、一一四頁）

また、坂本佳鶴恵氏は、差別の告発の根拠となる最も基本的な「根拠の規範」として、「平等イデオロギー」と「宗教」を例として挙げています（坂本、一九八六、三二頁）。宗教の影響力を完全に無視することはできないでしょうが、普遍性を持つ「差別の定義」を考えるうえではとりあえず宗教規範についてここで取り上げる必要はないと思います。

（7）「関係の不当性」を基礎づける理論が「存在しない」としている点については、さまざまな異論がありえるでしょう。

この点について私が明確にいえるのは、「権利」という論理では説明できないということだけです。しかし、もう少し広げて、「関係の不当性」は、「抽象的個人」を前提にした規範理論一般で説明不可能なものだということも、いえるのではないかと思っています。

そういう意味では、「関係の不当性」を基礎づける理論の候補として考えられる、現状ではおそらく唯一のものは、「ケアの倫理」かもしれないと思います。これは、キャロル・ギリガンの『もうひとつの声』（Gilligan, 1982）に端を発する「ケア対正義」論争のなかで、従来の倫理学である「正義の倫理」に対置されたものです。この論争の詳細を私は十分に理解していませんが、可能性があると考えられる点は、「正義の倫理」が「権利（人権）」と重なり合う部分が大きく、そのオルタナティブであるということにあります。しかし、そもそも「不当性」という概念が「ケアの倫理」とうまく接合しないのではないかという懸念もあります。「不当性」はあくまでも「正義の倫理」のなかに位置づけられるものであるとすれば、「関係の不当性」という考え方がそもそもあまり適切な表現ではないのかもしれません。本書ではこのような問題にこれ以上深入りはしませんが、今後の研究課題のひとつでしょう。

（8）この「非対称性」という言葉の正確な意味は、第2章以降の議論を経なければ説明できませんが、議論を先取りして表現するなら「われわれ」と「他者」という関係が生じること、とでもいうべきでしょう。
（9）「排除」についても、正確な意味はこれ以降の議論で明らかにします。
（10）「差別の定義」としてしばしば引用されるものに、アルベール・メンミによる「人種差別」の定義があります。この定義を例にして、二つのモデルの統合による混乱について考えてみたいと思います。

人種差別とは、現実の、あるいは架空の差異に、一般的、決定的な価値付けをすることであり、この価値付けは、告発者が自分の攻撃を正当化するために、被害者を犠牲にして、自分の利益のために行うものである。（Memmi, 1994, 邦訳一六一頁）

この定義の前半部分は、「差異への価値付け」を差別であるとする差異モデルであり、後半部分は「告発者」（差別者）の意図に言及しているため関係モデル的な要素を含むものだと考えることができます。そういう意味では、この定義は二つのモデルを統合したものだといえるかもしれません。

メンミ氏が後半部分を人種差別の定義に付け加えた理由は、それが人種差別の本質的な要素であると考えたからでしょう。確かに、前半部分だけでは「人種差別主義者」に対する批判的視点は弱くなってしまいます。しかし、差別（人種差別）の定義としては、混乱を招きかねないものだと思います。

もしこの定義の後半部分（告発者の意図）を、差別であることの必要条件だと考えると、意図が確認できなければ差別ではないことになってしまいます。

また、前半部分だけで差別の要件を満たすと考えると、差異の（決定的な）価値づけすべてが攻撃の正当化などの意図によってもたらされたものであるという見解を生み出してしまいます。
（11）意図的である場合にはより重い責任が課せられる可能性はあるでしょうが、それは差別発言かどうかという判定とは基本的に無関係です。
（12）これがなぜ過剰な想定であるかは第3章で説明します。
（13）これについては、現状においては、という留保がつきます。人権についての考え方は時代によって変化していくので、もしかしたら今後は違ってくるかもしれません。

(14) これは江原由美子氏が「『差別の論理』とその批判」で指摘した問題、すなわち「『差異』があるか否かという問いは二重拘束的な問いである」(江原、一九八五、八五頁)とほぼ同じです。

第2章 排除の理論

この章では排除についての理論的な考察を深めていくことにします。まず最初に排除を考えていくための前提をいくつか確認しましょう。

第1章では、排除を、「本来ある社会の正当なメンバーであるにもかかわらず、正当なメンバーであると認められなかったり、存在を認められなかったりすること」であると説明しました。

ここでいう「本来ある社会のメンバーである」という表現は、平等であることや、同じ権利が保障されていなければならないということを意味しているわけではありません。事実としてひとつの社会を構成している一員であるということ、あるいは互いの相互関係が成立していることを意味しています。

さまざまな個性を持った人々が、互いにさまざまなかかわりをもっているなかに、ある「断絶」を持ち込み、その断絶より外側はまるで初めから「よそ者」であったかのように、あるいは存在しないかのように扱う、それが排除です。

差別行為という文脈で考える限り、排除されている人は「初めから」「完全に」排除されているのではありません。ある局面で、あるいはある瞬間に、「壁」が作り出され、その壁によってあらゆる人間関係が切断されていく、そういった劇的な変化を作り出すのが排除です。

何かについて議論しているときに、だれかが、「女のくせにえらそうなことをいうな」あるいは「女にはわからない」などといってしまう、その瞬間に、その場の構図は一変してしまいます。もしかしたらそういった人は初めから女性を対等に議論できる相手だとは見なしていなかったのかもしれませんし、そういう意識はなかったのかもしれません。しかし、その人がどう思おうとも、事実として議論が成立し、そこにはひとつの「場」が形成されていました。それが「女のくせに」などの発言によって切断されてしまう。その変化を捉えて排除という行為が特定されるのです。

結婚しようとしていた相手から被差別部落出身者であると告白された若者。「そんなことなんの関係もない。だいたい今どき部落差別なんてする人いるの？」と思っていたけど、親戚から「部落と結婚するなどとんでもない」という強硬な反対によって「壁」が作られ愕然とする。この「壁」もやはり、初めからそこにあった「壁」なのではなく、だれかによって作り出された「壁」です。そしてもちろん、その「壁」を作り出すのが排除です。

そういう意味では、「ある社会的カテゴリーを排除する」というのは誤解を招きかねない表現です。たとえば女性を排除する行為を、「あなたは女性である」「女性は参加する資格がない」「ゆえにあなたには参加する資格がない」という三段論法として理解した場合に、二段目の「女性は参加する資格がない」が排除なのではなく、一段目、すなわち性別という線を引くことが排除なのです。

これらの表現を客観的に捉えるなら、「あなたは女性である」という表現のどこにも不当であるといえる部分はなく、「女性は参加する資格がない」という部分にこそ、不当性が争われる論点があるといえるでしょう。人権論の視点から考えればまさにそうです。

しかし、実際にこれらの表現が用いられる状況では、「あなたは女性である」という部分ですでに決着がついてしまっています。「あなたは女性である」という表現は、実際には「これは男か女かの問題である」という宣言であり、そして、女性対男性という構図を作り出すことによって生じるある種の「権力関係」を背景に、「女性は参加する資格がない」という主張を無理やり通してしまおうという戦略だと理解できます。

「あなたは女性である」という表現自体は、単に「事実」を述べているだけであり、どこをどういじくろうとも差別的な要素はないはずです。しかし、状況によっては、これがきわめて強力な「権力関係」を生み出していく、その仕組みを明らかにしていくことが、排除を考える最初のステップになるでしょう。

1 共同行為としての排除

まず、「一人では排除はできない」というごくシンプルな認識から出発したいと思います。

排除とは「壁」を作ることだと説明しましたが、その「壁」の内側、すなわち「排除する側」は通常多数派を占めている必要があります。もちろん、人数のうえでは少数になることも考えられるのですが、その場合でも必ず「排除する側」に複数の人が残っていなければなりません。もし「排除する側」が一人だけであれば、排除のあとに集団が残らないからです。そういうものを通常排除とは呼ばないでしょう。さらに、「排除する側」にいる人は、すべてではなくても、歩調をそろえて「壁」を維持しなくてはなりません。すなわち、排除とは複数の人が共同で行う行為です。

これはごくあたりまえのことのようですが、排除はつねに複数によって行われるという性質は、理論的にも、そして具体的な差別問題を考えていくうえでも、少々厄介な問題をもたらしてしまいます。それは「だれが排除しているのか」という論点です。

たとえば、ある集団から女性のみを排除することを考えてみましょう。

だれかが「女性には参加資格がない」という意見を表明したとしても、それだけで排除が行われるわけではありません。排除は共同して行わねばならない行為ですので、ほかの（女性以外の）メンバーの賛同を得ることが必要です。それではどうやってその賛同を得ているのでしょうか。

この賛同の得方が社会的カテゴリーを用いた排除の特徴的な点です。もし、「Aさんには参加資格がない」といったように社会的カテゴリーを用いず特定の人物を排除しようとすると、ほかのメンバーの賛同を取りつけるという作業が明示的に行われる必要があります。しかし、社会的カテゴリーの場合には、それは半ば自動的に行われてしまいます。

それはどうしてでしょうか。もし、「Aさんは女性なので参加資格がない」というように、女性であることが排除の理由として論じられているのなら、その是非は議論の対象となるはずです。自動的に排除が行われるはずはなく、同意を取りつける作業は必要になります。しかし、実際には排除はそのような形で行われるわけではありません。女性であることは排除の（合理的な）理由として提起されているわけではないのです。

それではどうしているのかというと、女性を異質な存在として描くことにより、そもそも理由など必要ないのだと主張しているわけです。異質であるがゆえに、通常の手続きをとらない「例外」として扱うことが可能になります。ある意味では初めから排除されているのだ、そこに初めから「壁」があったのだ、と主張しているわけです。このように書くとかなり強引なことをしているようですが、実際には自然に受け入れられてしまう、その理由は、「異質」が何に対しての異質なのかということにかかわっています。

女性が異質な存在であるというのは、何に対する異質なのでしょうか。男性に対してということでしょうか。

違います。それでは排除が起こるメカニズムを説明することができません。女性が異質な存在として排除されるのは、「われわれ」とは異質であるからです。

ここで出てきた、「われわれ」という言葉は、本書を理解するうえでのキーワードのひとつです。「われわれ」というのも社会的カテゴリーのひとつですが、非常に特殊な社会的カテゴリーです。排除が起こるメカニズムは、基本的に「われわれ」という社会的カテゴリーの性質に依存しています。「われわれ」という社会的カテゴリーの持つ性質については、これから必要に応じて説明していきますが、ここではまず、「われわれ」が主観的なカテゴリーであることに注意を向けてください。「われわれ」という言葉が指し示す対象は、「われわれ」という言葉を発する人を基準に構成されます。そのため、先ほどの「『われわれ』とは異質であるからです」という文章に、もしかぎカッコがついていなければ、「われわれ」という言葉を発したのは筆者である私であると解釈される可能性があります。[1] もちろん先ほどの文章はそのような意味で書いたのではなく、女性を排除する側にとっての「われわれ」という意味を込めてかぎカッコをつけたのです。

そんな回りくどい言い方をせずに、「彼／彼女ら」などと書いた方が客観的なのですが、それでは排除の仕組みの最も重要な要素を見逃してしまうことになってしまいます。「彼／彼女ら」という三人称による表現は、外からのカテゴリー化です。私（筆者）が「彼／彼女ら」という表現を使えば、カテゴリー化をしているのは私です。私がなんらかの現実を見て、ある基準によって範囲を定め、それに対して「彼／彼女ら」と呼ぶわけです。しかし、排除を理解するうえで重要なのは、それが当事者（排除する側）による自らのカテゴリー化であるという点です。だからこそ、排除する側にとっての「われわれ」というカテゴリー化を行っていると記述しなくてはならないのです。

もうひとつ重要な点は、ここでの「われわれ」が排除によって定義されているという点です。排除によって定義されているというのは、排除する対象「ではない存在」という意味において共通性を持っているという意味です。女性の排除なら、「女性ではない」のが排除する側、すなわち「われわれ」です。なぜ「男性」といわずに「女性ではない」といわねばならないかというと、次の例（フィクションです）を見てください。

ある男性Aが女性Bと何かのトラブルでいい合っています。しかし議論はすれ違い、平行線のまま終わりました。女性Bがその場を離れたあと、同席していたが発言していなかった男性CにAが話した言葉が「まったく女ってのは何を考えているのかさっぱりわからないね」でした。

この場合、明らかにAはCに同意を求めているのですが、どうして同意が期待できると考えるのでしょうか。AはCがどう考えているのかはわからないにもかかわらず、そういう言い方をすれば同意は得られると考えたのでしょうか。それは、Cもまた「女は何を考えているのかわからない」立場にあるからです。

「まったく女ってのは……」という発言では、主語が省略されています。もし主語を補うとしたら何が適切でしょうか。「私」を補い、「私にはわからない」とすると、文の意味としては適切かもしれませんが、Cが同意しなくてはならない理由がなくなってしまいます。「私にはわからない」という意味なら、答えは「そうですか」であって、「そうですね」ではないはずです。したがって、主語を代名詞で補うとすれば、「私」ではなく「われわれ」でなくてはなりません。「われわれにはわからないね」という意味なのです。

それでは、この場合の「われわれ」とはどういう存在なのでしょうか。まず「男性」だと考えることができるでしょう。これも必ずしも間違いではないのですが、「男性」であることと「わからない」ことは直接にはつながりません。「わからない」ことを直接説明するのは「女性ではない」という共通性です。すなわち、Aが話した言葉にそれが暗に示していることを補うと、「まったく女ってのは何を考えているのか、女でないわれわれにはさっぱりわからないね」ということになります。

男性Cが、「そうですね」と同意してしまい、男性Aの「策略」が成功した場合のありうる帰結のひとつはこうです。

後日、やはりA、B、Cの三人で話し合いの続きが行われました。AとBの会話が平行線なのは同じですが、Cはすでに「Bのいうことはわからない」と認めてしまっていますので、それを前提にした発言しかできません。そのため、Cは主にBに対して質問という形で発言をすることになります。しかし、「わからない」ことが前提になっていますので、そう簡単にBの答えに納得することはできません。そのため、BはAとC両者からの質問攻めにあうことになります。Bは前回よりさらに悪化した状況にいらだちます。「どうして私のいうことがわからないのか?」。答えは、「われわれが女性でない」から、「わからない」ことに合意したからです。

この仮想事例からはさまざまな論点を導き出すことができるのですが、まずこの時点で確認しておきたいことは、「排除をする側」はある社会的カテゴリー「ではない」ということを共通点として構成される「われわれ」であるということです。

また、もうひとつ理解しておいてほしいことは、女性対男性（女性でない者）という構図は初めからあったのではなく、男性Aの発言によってそこに持ち込まれたということです。この事例を説明する際に、私はA、B、Cの属性のうち性別のみを特定しましたが、実際にはさまざまな属性を持っているはずです。たとえば、BとCは若い世代でAのみがほかの二人とはかなり年齢に開きがある年長者だったかもしれません。その際にはBがCに対して「Aは考えが古くて困る」などと持ちかけて世代間対立の構図を作り出すことも可能でしょう。すなわち、だれかがある「壁」をその場に持ち込むことによって排除が起こるのです。

排除は自然に生じるわけでもなければ、システムの働きとして自動的に発動するわけでもありません。必ずなんらかの「壁」を持ち込む行為が存在しており、その行為を起点にして排除の構図ができあがっていくのです。

それでは、その「起点となる行為」というのは、どういうものなのでしょうか。次にその行為について詳しく考えてみましょう。

2 他者化、同化、見下し

前節の仮想例をもう一度見てみましょう。これから考えていく「起点となる行為」は、前節の例では「まったく女ってのは何を考えているのかさっぱりわからないね」という発言でした。

この発言は、男性Aが女性Bに向けていったのではなく、同じ男性であるCに向けた発言です。そしてこれは同意を促す発言だと解釈できます。つまりAはCに対して、自分と同じ立場に立つことを要請するメッセージを送っているのです。このメッセージは言い換えると「われわれ」を構成しようとするメッセージです。

排除行為にはこの種のメッセージが不可欠です。なぜなら、排除は共同行為であり、しかもその共同性は初めからあるものではなくその場で作られるものですから、その共同性を作り上げるためのメッセージが交換されねばならないのです。

このメッセージはしばしばあいまいな形で送られます。前節の例の発言も、それ自体は「私はわからない」という独白だと解釈することも可能な文章でした。実際にはもっとあいまいな形でメッセージが送られることもあるでしょう。しかし、いかにあいまいであっても、発言をする（あるいは言葉以外のメッセージを送る）人は、それで意図が伝わると思っているからあいまいな表現をあえて選んでいるのです。また、発言を受け取る人も、あいまいな表現から意図を的確に読み取ることができると期待されているし、実際に受け取ることができるからこそ排除が現実のものとなるのです。

第1章で、「排除の意図は原理的に必ず表現される」と説明した理由は、このようなメッセージの交換が排除行為にとって不可欠だからです。これはきわめて重要な点なので、もう一度その論理をおさらいしておきましょう。

まず、排除は共同行為であり、複数の人が歩調をそろえて行うものです。しかし、排除する側の複数の人々はあらかじめひとつの集団を形成していたわけではありません。もしそうであるなら、「もともとひとつの社会を形成していた人々の一部を外へ追いやる行為」として排除を説明できないからです。したがって、排除する側の人々をひとつにまとめるためのメッセージの交換が必ず行われます。このメッセージの交換は、非常にあいまいで見えにくいものである可能性はありますが、そのメッセージを送るコミュニケーションが失敗すれば排除は行いえないので、少なくとも「われわれ」に引き入れようとしている相手が理解できる（と期待できる）ものでなくてはなりません。

このように、同じ立場に立つことを要請するメッセージを送ることを、「同化（行為）」と呼ぶことにします。同化によって「われわれ」が構成されるのです。

起点となる発言には、もうひとつ重要な要素があります。それは、女性を「われわれ」とは異なるものとして描く、差異を作り出すという要素です。「作り出す」というのは、もともと差異などなかったという意味ではなく、男女の違いを意味があるものとしてその場に持ち込むということです。しかし、この差異は男性と女性という並列的な差異ではありません。「われわれ」と「われわれではない者」の差異だということが重要です。このような非対称な差異を作り出すことを「他者化」と呼ぶことにします。ここでいう「他者」とは「われわれではない者」という意味です。自己と他者という対立関係が想定されているのではなく、「われわれ」と「他者」という対立関係であることに注意してください。

「同化」と「他者化」は必ず同時に行われます。AがBを「他者化」し、Cを「同化」するのは、「壁」を作るというひとつの行為の別の側面だともいうことができます。そしてその二つが同時に行われることが排除なのです。

これまでに議論してきた排除とは、ある者を「他者化」すると同時に別の者を「同化」し、他者と「われわれ」という関係を作り出す行為です。この考え方をベースにして、第1章の最後で予告して

おいた課題について考えてみましょう。(2)

まずひとつは「社会的カテゴリー」という条件です。第1章でも説明したように、差別論においては、社会的カテゴリーは排除によって作られるものであり、差別の定義の条件として考慮すべきなのは、「カテゴリー化」という作用です。しかし、排除をこの章で検討してきたようなものだと考える限り、カテゴリー化という条件を改めて付け加える必要はありません。というのは「同化」がすでにカテゴリー化という性質を持っているからです。「同化」がカテゴリー化であるということは、複数の人を「われわれ」としてひとくくりにすることから明らかです。それでは「他者化」の方はどうでしょうか。特定の個人をカテゴリー化を伴わずに「他者化」することができるのでしょうか。特定の個人を「仲間はずれ」にすることはできるでしょう。しかし、「他者」すなわち「われわれ」とはまったく異なる存在だと感じられるほどの価値づけが行われるためには、それ相応の理由が必要です。たとえば「いじめ」において特定の人を「きもちわるい」という理由で排除することを考えてみましょう。「きもちわるい」というのはあくまでも主観ですので、必ずしも全員がそう感じるわけではありません。そのため、それだけでは排除は起こりません。「他者化」が行われるためには、特定の人（の名前）が「きもちわるい」という性質を表す記号として共有される必要があります。「〇〇さん」という名前はその人のリアルな実在とは切り離され、記号としていわば一人歩きをする。そのことによって「〇〇さん」という記号による「他者化」とそれに対応する「同化」が可能になるわけです。[3]すなわち、「他者化」とは他者のカテゴリー化ではなく、他者という記号を共有する「われわれ」のカテゴリー化なのだということです。

このように考えると、排除におけるカテゴリー化とは、排除する側（＝「われわれ」）のカテゴリー化であるということになります。これは、これまでの差別についての一般的な考え方とは異なることに注意してください。相手を「女性」であるとか「部落民」などとカテゴリー化することが、差別と見なす条件や差別の仕組みの一部であるといった考え方は、かなり一般的なものだと思いますが、本書の立場は違います。この点は第3章で詳しく説明しますが、ここではとりあえず、「カテゴリー化」という条件は「同化」によって表現されているので、差別の定義には付け加える必要はないということを確認してください。

次に「負の価値づけ」について考えてみましょう。排除は負の価値づけを必然的に伴うものでしょうか。これはかなり微妙な問題ですが、現在のところは、必ずしもそうとはいえないと私は考えています。「上への排除」というものもありうるだろうと思うからです。[4]しかし、「上への排除」は（あったとしても）非常に例外的であり、またこれは「差別」という言葉に込められた不当性の感覚とは相容れないと思いますので、これを含まない形で差別を定義することが必要だと考えます。そのため、やはり「負の価値づけ」は差別の定義のなかになんらかの形で組み込む必要があるでしょう。

しかし、「負の価値づけ」についても、これまでの考え方とは少し違った捉え方が必要です。このことを考えるために、先ほどの事例をもう一度考えてみましょう。

先ほどの解説では「負の価値づけ」という要素は考慮しないで解説しましたが、それでも排除は起こると考えることができます。しかし「まったく女ってのは……」という発言に「負の価値づけ」の要素がないかといえば、そうともいいきれないと思います。人によって多少受け止め方が違うと思いますが、「女ってのは」という部分には「バカにした」ような響きを感じる人もいるかもしれません。しかし、この言葉それ自体には「望ましくない」といった価値づけは認められません。むしろこの部分はBさんを「女性」として記号化する発言だと捉えることが必要でしょう。Bさんについての話ではなく、「女性一般」についての話にすりかえているわけです。したがってこの部分は「他者化」ではありますが「負の価値づけ」という要素を持っているとはいえないでしょう。

それでは、ほかに「負の価値づけ」の要素があるとすればどの部分かというと、それは「わからないね」という表現です。この「わからない」という表現は、AさんともBさんとも距離をおく第三者的な視点から見ると、「AさんがBさんのいうことを理解できていない」という状態を示しているにすぎません。「わからない」のはBさんの説明が論理的でないからか、わかりにくい言い方をしているからかもしれないし、Aさんの理解力が不足しているからかもしれません。すなわち、責任の所在は明らかではないのです。

しかし、「私（もしくはわれわれ）にはわからない」ではなく、主語が省略された表現であることによって、Bさんがわからない（人である）、すなわち、「わからない」ことの責任がBさんのみにあるかのように構成されてしまっているのです。

「私にはBさんのいうことがわからない」という事実が、カテゴリー化（同化）によって「女性ではないわれわれには女性のいうことがわからない」と一般化され、さらに「女性ではないわれわれ」が直接語られず、単なる「われわれ」としてあいまい化され認識の対象から消去されることによって、「女性のいうこと」、あるいは「女性」は「わからない」という客観的性質を持っているかのような認識を作り出してしまっているわけです。

この文脈のなかでの「わからない」は、「コミュニケーションが失敗している」といった状態を示すものではなく、Bさんは「わからない人だ」、すなわち論理的でないとか、考え方がおかしいといった、「負の価値づけ」の要素を含んだ表現であると解釈できます。

すなわち、排除における「負の価値づけ」とは、「われわれ」という特定の視点からの「負の価値づけ」であることに注意をする必要があります。そして、「われわれ」という視点、認識主体が具体的な文脈のなかで「消去」されることにより、特定の視点からの「負の価値づけ」は、あたかも「客観的」であるかのように構成されてしまうのです。

以上のような考えから、排除における「負の価値づけ」を「見下し」という言葉で表現することにします。「見下し」という言葉には「われわれ」という特定の視点からの「負の価値づけ」なのだというニュアンスが込められています。

ここで説明したような仕組みは、差別について考えるうえできわめて重要であり、今後の議論のなかでもしばしば登場します。また、この仕組みは基本的に「われわれ」というカテゴリーの性質に依存しています。「われわれ」は、直接参照されず、範囲があいまいであり、ある意味で「見えない」「意識されない」社会的カテゴリーです。

この「見下す」要素は、この事例を差別であると解釈するためには不可欠でしょう。なぜなら、Cさんは「Bさんがわからない人なのだ」という認識を受け入れるからこそ、質問攻めにしたり、場合によってはBさんを非難するような態度をとる可能性もあるからです。そのため、「見下し」は差別の定義に盛り込む必要があると思います。

議論を先に進める前に、ここでこれまでの説明について生じる可能性のある疑問のひとつに簡単に答えておきたいと思います。それは、これまで述べてきた事例の解釈は、ありうるひとつの解釈にすぎないのではないか、という疑問です。確かに、Aさんは「私にはわからない」という感想を述べたにすぎず、Cさんに同意を求めているわけでもないし、Bさん（もしくは女性）を「見下し」ているわけでもないという解釈も不可能ではありません。しかし、もしCさんがそのように解釈したならば排除は起こりません。CさんがAさんに加担してBさんを「わからない人」だと意味づけてしまうことが現実となる、あるいはそう要請されていると感じる限りにおいて、Aさんの行為は「Cさんにとって」（Bさん＝被差別者にとって、ではないことに注意）差別であるということができます。これは差別の認識に関する問題で、第6節においてより詳しく論じたいと思います。

ここまでは、主としてひとつの仮想事例に基づいて考察をしてきましたが、差別行為にはさまざまな形がありえます。ここで述べてきたことのいくつかは、差別行為のパターンごとに考えていかねばならないこともあります。そこで、次の節ではこれまで述べてきたことを一般的なモデルとして表現したうえで、そのモデルに基づいてさまざまな差別行為の類型化を試みたいと思います。

3 三者関係モデル

まず最初に、ここまでの議論に基づいて差別行為の定義を完成させましょう。

第1章では、差別論における差別は「排除」によって定義されると説明してきましたが、実は、これから述べる定義においては「排除」という言葉を使いません。その理由は、排除は集合的行為なので、「排除」という言葉を使って差別行為を定義すると、だれが差別をしているのかがあいまいになってしまうからです。これは差別「行為」の定義としては致命的です。女性が排除されていることが差別であるといった場合、それでは排除する側にあたる全ての男性が差別者だとして告発されなくてはならないのでしょうか。もちろんそれは現実的ではないのですが、排除は一人ではできないので、特定の人物を排除という行為の主体だとみなすことはできません。

しかし、これまで説明してきたように、集合的行為としての排除が成り立つためには、排除する側としての「われわれ」を形成する必要があり、その起点となる行為が（理論的には）必ずあるはずです。そこで、その「起点となる行為」をもって「差別行為」を特定するべきだというのが私の主張です。「起点となる行為」を識別するためには、すでに説明してきたような「他者化」「同化」「見下し」という三つの要素を考慮する必要があります。特に「同化」は、一般に差別は差別する者と差別される者の関係として理解されてきたため見落とされがちですが、排除の仕組みを考えるうえでは最も重要です。

これらのことを考慮して差別を定義すると、以下のようになります。

> 差別行為とは、ある基準を持ち込むことによって、ある人（々）を同化するとともに、別のある人（々）を他者化し、見下す行為である。

いかがでしょうか。おそらくは、これまでの定義とあまりにもかけ離れているために違和感を持った方も少なくないと思います。その違和感の根拠はおそらく二つぐらいのことが考えられると思います。

まずひとつは、この定義によってすべての差別行為を網羅できるか、ということです。この点については、第1章で人権論と差別論を分割したことを思い出してください。この定義はあくまでも人権論が別に存在していることを前提にした差別論の定義です。そのため、通常「差別」と受け止められることのすべてを網羅できるものではありません。差別論の視点からは問題化しにくい「人権侵害行為」もあるからです。

もうひとつありうる疑問は、これは差別の定義ではなく、差別の仕組みを説明したものではないかというものでしょう。確かにそのように見えるかもしれないとは思います。しかし、差別論はその「仕組み」そのものを差別だと捉える視点です。「仕組み」そのものが持つ不当性（非対称性）を表現するためには、このような定義が必要なのです。

それでは、この定義に基づいて、差別行為をモデル化してみましょう。

まず、このモデルには、少なくとも三つの立場が表現されている必要があります。排除される人（々）、差別行為（起点となる行為）をする人、そして、同化される人（々）です。これらをそれぞれ、「被差別者」「差別者」「共犯者」と呼ぶことにします。最後の「共犯者」というネーミングは、やや言葉が強すぎる感じがするかもしれません。というのは、この立場はあくまでも「差別者」によって同化されようとしている存在という意味だからです。しかし、これから述べるように、これは差別行為を理解するうえで非常に重要な立場ですので、あえて「共犯者」という強い言葉を用いています。

「差別者」から「被差別者」に向けられるのは、「他者化」と「見下し」、「差別者」から「共犯者」に向けられるのが「同化」です。それでは「共犯者」と「被差別者」の関係はどうなっているのかというと、「共犯者」が「同化」を受け入れたときに初めて「他者化」と「見下し」の関係が成立すると考えます。

これらのことを図に表したのが、図1です。

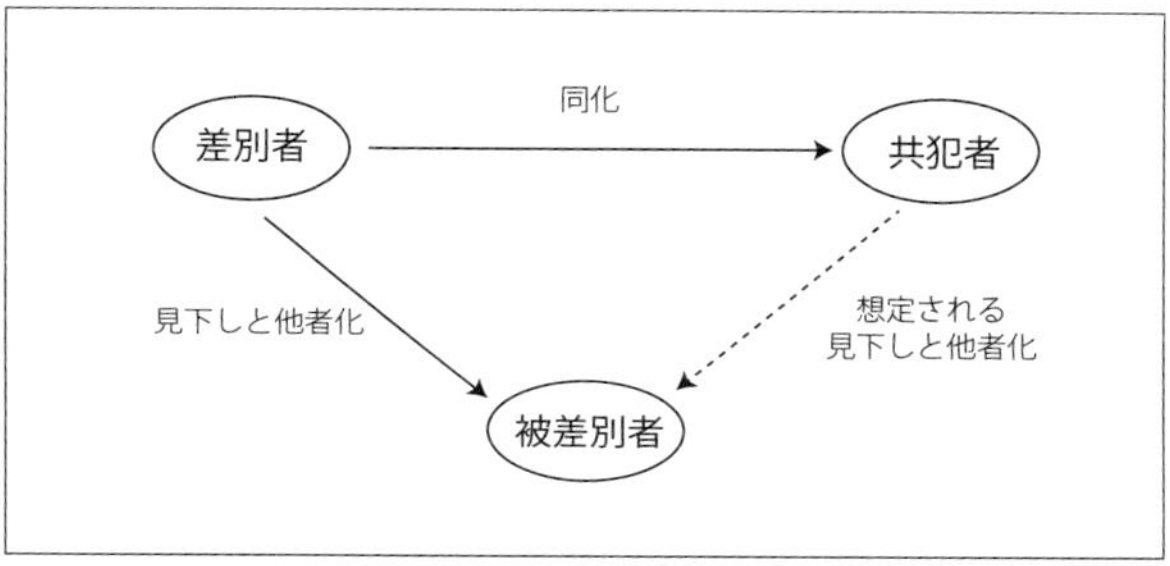

図1　差別行為の三者関係モデル

この図の特徴的な点は、差別行為を互いに関連する二つの関係（他者化・見下しと同化）を同時に作り上げるものだと捉えている点にあります。

この二つの関係のうちどちらが「差別者」が意図する関係なのでしょうか。

これまで本章で論じてきた事例では、「他者化」「見下し」の関係が「差別者」が意図する関係性であるといえるでしょう。すなわち、「差別者」（Aさん）は「被差別者」（Bさん）と対立関係にあり、それを自分に有利な関係へと転換するために「共犯者」（Cさん）を味方につけようとした（同化）と解釈できます。Aさんにとっては「他者化」「見下し」が主な目的であり、「同化」はいわばそのための手段だという見方ができます。

しかし、これとは違うケースも考えられます。次の仮想事例について考えてみましょう。

大学のある教室での出来事です。学生の一人であるBさんは授業中隣の人に話しかけてばっかりでほとんど先生の話を聞いていません。教員のAさんは何度か注意をするのですが、そのときはちょっと静かになるものの、しばらくするとまた話し出します。たまりかねたAさんは次のように言ってしまいます。

「B君、いったい何度言ったらわかるんだ。君はつんぼなのかね」

このケースは少し複雑です。まず、Aさんはどのような意図で「つんぼ」という言葉を使ったのでしょうか。AさんはBさんが「聞こえている」ことはもちろん知っています。つまりBさんが「つんぼ」ではないということを承知のうえで「君はつんぼなのか」と問いかけているのです。ということは、ここでの「つんぼ」という言葉はBさんによって否定されることを前提のうえで用いられているのです。

Aさんの発言の論理を、暗に示されていることも補って説明すると、以下のようになります。

①人の話をちゃんと聞かないことは、「つんぼ」（と同じ）である。
②Bさんは「つんぼ」ではない。
③したがってBさんは人の話をちゃんと聞かねばならない。

実際の発言に現れるのは②の部分の確認だけですが、それだけで①と③も相手に伝わるとAさんは期待しており、もしこの発言が効果を発揮してBさんが黙ってしまうとしたら、その論理はBさんにも伝わったのだと考えられます。

この論理から、「つんぼ」という言葉が使われた意味を考えてみましょう。まず、「人の話をちゃんと聞かないこと」が「悪いこと」であることをより効果的に示すために「つんぼ」が用いられています。つまり「つんぼ」という言葉の否定的ニュアンスが利用されているのです。すなわち「見下し」としての性質を持っています。しかし、それだけではありません。あえて「事実とは異なる」ことを示してそれを否定させるという、やや手の込んだ方法をとることの意味はなんでしょうか。

それは「つんぼ」と「つんぼではないわれわれ」という境界線を引き、「つんぼ」と「人の話をちゃんと聞かない」ことを重ね合わせることによって、「われわれ」（この場合は「普通の人」というニュアンスだと考えると理解しやすいでしょう）は「人の話をちゃんと聞かなければならない」のだと規定しているのです。

この論理のおかしいところは、右の①の部分、「人の話をちゃんと聞かない」ことと「つんぼ」が重ね合わされているところにあります。いうまでもなく「聞こえない」ことと「聞こうとしない」というのは明らかに違うことなので、これはかなり乱暴な言い方です。もしそれを正面から語ってしまうと、「おかしい」ことがすぐにわかってしまいます。しかし、それは隠されています。隠されているというのは、口に出していっていないということも、もちろんありますが、それ以上に、会話のなかの主要な関心事として取り上げられていないということです。これは少しわかりにくいかもしれないので、この事例のその後の成り行きを少し補って考えてみます。

Aさんの発言に対して、別の学生Cが「先生、それは耳の聞こえない人に対する差別発言ではないですか」と異議申し立てをしたとします。

Cさんの告発に対してAさんがどうするのか、さまざまな対応が考えられますが、かなりよくある返答として「私はそんなつもりで言ったのではない」と答えたものとしましょう。

「そんなつもりでない」なら、どういうつもりだったのでしょうか。なぜ明らかに侮蔑的な意味合いを含む「つんぼ」という言葉を使っても問題がないと思ったのでしょうか。

それを理解するカギが「他者化」です。この場には「つんぼ」に該当する人はいないし、「われわれ」とは無関係な存在である。無関係な存在についていくら悪く言おうとも、だれも文句は言わないだろうし、文句を言う根拠もない。そういう存在として「つんぼ」を語る、これが「他者化」のひとつのパターンです。

こういった語り口でいわゆる「差別語」を用いるというのは、きわめて一般的な出来事だと思います。私はこれを「否定・不在」（「〜ではない」という形で語られ、なおかつ「ここには存在しない」ことを前提としている）の用法と呼んでいます。

最後に、やや蛇足ですが、「われわれ」についても考えておきましょう。ここでの「われわれ」はだれのことであり、それはどういう存在だと考えれば良いのでしょうか。

教室での発言であり、Aさんはほかの学生も聞いていることを当然意識しているでしょうから、「われわれ」はその教室に集まっている人々を指しているとも考えられます。しかし、そのような「われわれ」の構成の仕方では効果がなかったから、「つんぼ」発言をしてしまったのです。「授業に出席している人は私語をしてはいけませんよ。先生の話をちゃんと聞きなさい」という、授業に出席している人の義務として当然であるはずのルールをそのまま提示しても効果がなかった。だからこそAさんは言い方を変え、「われわれ」の構成の仕方を変えたのです。「授業に出席している人」の義務ではなく、「つんぼ」ではない「われわれ」の義務として、その義務を怠ると「つんぼ」になってしまうぞ、という脅しとしてルールを語る、そういう策略だと考えられるでしょう。

事例の説明が長くなってしまいましたが、話を元に戻します。どこまで戻るのかというと、「差別者」が意図する関係性は何か、というところです。

この事例を図1に当てはめると、まず「差別者」は当然Aさんです。それではBさんはどれにあたるのかというと、「他者化」されているわけでもなければ「見下され」ているわけでもなく、「われわれ」にくくり込まれている、すなわち「同化」されているのですから、「共犯者」にあたります。そして「被差別者」は、ここには存在しない（とされている）「つんぼ」です。この場合、「被差別者」は具体的な関係のなかには登場せず、単に言葉として現れているだけですが、それでも三者関係は成立しています（「他者化」などが成立している）。

この場合、「差別者」であるAさんの意図はどこにあるのかというと、Bさんを従わせる、すなわち「共犯者」を「同化」することにあります。「つんぼ」は「他者」として引き合いに出されているにすぎず、また具体的な関係性もありません。Aさんが「そんなつもりじゃない」といったのは、聴覚障害者を侮辱するつもりはないといった意味でしょうが、それはある意味で本音だと考えることができます。すなわち、「見下し」はAさんの（主要な）意図ではなかったのだろうということです。

以上のことから、差別行為は「他者化」「見下し」を主要な意図とするものと、「同化」を主要な意図とするものの二つに大きく分類することができると私は考えています。そこで、この分類をひとつの軸として、差別行為の類型化を試みようと思います。

4 差別行為の類型化

最初にお断りしておきたいことは、これから説明する類型は、具体的事例の観察に基づいて作られた類型ではないということです。むしろ、これまで述べてきた差別行為のモデルから理論的に導かれる類型論です。そのため、この類型論は具体的事例についての考察に基づいて検討されるべき仮説だと考えていただきたいと思います。

にもかかわらず、ここで類型論について説明しなくてはならない理由は、差別は非常に多様であり（さまざまな差別があるという意味においても多様ですが、形式的にも多様です）、これからより詳細な検討をするためには、すべての差別行為をひとくくりに論じることができず、差別行為のパターンの違いを考慮して考えていかなくてはならないからです。

（1）利害関係主導型差別

まず、「他者化」「見下し」を主要な意図とする差別行為について考えてみましょう。本章で用いた事例では前者（「女っていうのは」という発言）がこれにあたります。

この類型の大前提は、「差別者」と特定の個人との間に、あらかじめ直接の利害関係が存在しているということです。そして、「差別者」はその関係を自分にとって有利なものへと変えていくために、味方を引き込もうとする、そのために「他者化」と「同化」という手段がとられるのです。

注意しなくてはならないのは、ここでいう利害関係とは、ある社会的カテゴリーとの関係ではないということです。社会的カテゴリーを持ち込み、排除することが差別行為なのですから、差別行為の前提として社会的カテゴリーを想定してはならないのです。

たとえば、外国人労働者が労働市場に参入することによって職を奪われる人がいるとすると、その人と「外国人労働者」との間には利害関係があるように見えます。しかし、仮に現実に利害関係があったとしても（自分が解雇されてその職種がすべて「外国人労働者」によって占められてしまったとしても）、そこにあるのは特定の人々との間の「利害関係」であって、「外国人労働者」一般との利害関係ではありません。もし「外国人労働者のせいで自分は職を奪われた」と訴えるなら、それは「外国人」を「他者化」し、「外国人でない人」を味方につける、すなわち「同化」しようとする行為だと見なせるでしょう。重要なことは、「外国人労働者のせいで自分は職を奪われた」という訴えが正当かどうかということではなく（それは人権論の視点から考察しうる問題）、ほかの人々を巻き込もうとする行為であるということです。「あなたも日本人なら私の味方でしょ」という訴えなのです。

利害関係主導型差別はある意味で比較的わかりやすい、見えやすい差別行為です。「差別者」にとっても、自分のしたことが「差別」であることは比較的納得しやすいでしょう。

それは「差別者」と「被差別者」の間に実際の相互行為があるため、「被差別者」の権利が奪われていること、また「被差別者」が記号化されていることも比較的容易に見て取ることができるからです。そのため、人権論の視点からもこの種の差別行為は識別できる可能性は高いといえるでしょう。むしろ、現実の問題として露骨な人権侵害を禁止することや救済措置をとることがまず必要です（人権論の視点）。しかしそれが達成されたとしても、「同化」の影響を消すことはできません。外国人労働者の問題であれば、「あなたも日本人なら（「外国人」でないなら）私の味方でしょ」というメッセージそのものへの対応を考えていかなくてはならないのです。

(2) 同化主導型差別

次に、「同化」を主要な意図とする差別行為について考えてみましょう。

まず、「同化」の意図とはなんでしょうか。「同化」とは「われわれ」を形成することですから、「われわれ」であることになんらかの「メリット」を感じているということになります。その「メリット」はいくつかのものが考えられます。

第一に、特定の人との関係を維持したり、より親密にしたり、結びつきを強めたりすることです。ごく小規模なレベルでは、たとえばいじめに加担する人たちにとって、暴力や忌避行為を自らも行うことは「友だち」や「仲間」であることの証になっている可能性もあります。また、この関係性は抽象化され、ある社会の正当なメンバーであることの主張として「同化」が行われる可能性もあるでしょう。

第二に、あるルールを強制したり、主張を正当化したりすることです。先に説明した「つんぼ」発言の事例はこれにあたります。

第一のタイプを「関係志向的同化」、第二のタイプを「規範志向的同化」と呼ぶことにしましょう。この二つの区別は必ずしも明確なものではありません。どちらともとれない場合が存在するでしょう。しかし、この二つの違いを意識しておくことは具体的な事例について考えていく際に有効な場合があります。たとえば、AがBに「同化」のメッセージを込めて「女はバカだ」といった、あるいはそのような意味のことを示した場合（A、Bはともに男性）、仮にAがBの上司であったとすると、これは「おまえは（われわれは）バカではない、りこうに立ち回れるはずだ」という「同化」メッセージかもしれません（規範志向的）。しかし逆にBがAの上司であったとすると（同僚でもかまいません）、これは「私は（あなたと同じ）まともな人間ですよ」といったメッセージかもしれません（関係志向的）。この例は、「同化」メッセージが状況に依存して読み取られていくことを示していますが、もうひとつ、「見下し」と「他者化」の関係について考えるヒントになります。

規範志向的である前者の場合、「りこうに立ち回らなくてはならない」というルールを強制するためには、「バカだ」という「見下し」の要素に必然性があります。一方、関係志向的である後者の場合は、「見下し」の中身はなんでもかまわないといえるでしょう。「バカだ」でなくても「感情的だ」でも「けがれている」でも（相手がそれを受け入れれば）同様の効果が期待できます。すなわち、「バカだ」というのは単に負の価値の記号としてのみ用いられており、それを「テコ」として「同化」の効果を高めようとしているのだと考えられます。

以上の考察からわかることは、たとえば「女はバカだ」という発言を批判しようとするときに、「バカだ」という言葉に必然性がある場合も、単なる「負の価値の記号」としてのみ用いられている場合もあることを考慮した方がいいということです。とりわけ後者の場合は「バカ」という言葉に引きずられて反論を試みても噛み合わない可能性があります。

「同化」を主要な意図とする差別行為は、「差別者」から「被差別者」への行為が具体的に存在するのかどうかによって、さらに二つに分類する必要があります。

(i) 攻撃的排除

「同化」を主要な意図とし、「差別者」から「被差別者」への行為、特に攻撃的な行為が具体的に存在する場合がこれにあたります。「被差別者」への行為としては、身体的暴力や直接向けられる侮蔑的な言動、忌避行動などが代表的なものでしょう。「同化」を主要な意図とするということは、暴力などの行為そのものが目的なのではなく、そのような振る舞いを第三者（共犯者）に示すこと（同化）

が目的だということです。

先に挙げた「女はバカだ」という発言は侮蔑的な言動の例ですが、それは特定の女性のみに（女性であることを理由にしているとわかるように）「つらく当たる」といった態度の違いを見せることでも同様の（あるいはより強力な）効果をもたらすかもしれません。すなわち、暴力や侮蔑、忌避などがある種のメッセージとともになされることによって、「他者化」と「見下し」として意味づけられます。そして、そのようなメッセージを伴う暴力等の行為が差別行為なのです。

これは「スケープゴーティング」と呼ばれる現象と重なる部分が多いと考えていただいてけっこうです。しかし、詳しくは補論（一三〇ページ）を見てほしいのですが、本書の目的は差別を「現象」として記述するのではなく、それが起こる仕組み、特に集団的な行為がどのようにして作り上げられていくのかを解明することにあります。すなわち、スケープゴーティングは「攻撃的排除」の帰結のひとつであるという位置づけだと考えてほしいと思います。

社会問題化する差別行為の多くは、この「攻撃的排除」ではないかと思います。それは必ずしも実態としてこの種の差別行為が数多く行われているということではなく、それが「差別行為」として認識されやすい性質を持っていることも理由になっていると考えられます。

まず、利害関係主導型差別と同じように、「被差別者」に向けられる行為であるため、差別として認識されやすいということが考えられます。ただし、利害関係主導型差別と異なるところは、必ずしも特定の個人を対象にする必要はなく、社会的カテゴリー一般に対する攻撃という意味を持っているということであり、これはより重要な点です。

「社会的カテゴリー一般」に対する攻撃の恐ろしいところは、倫理的抑制がきかなくなることにあります。攻撃対象は「他者」であるため、「われわれ」の人間関係に関するルールが適用されません。また社会的カテゴリーとして抽象化されるため、被害者の生活や思いや人柄などすべてが見えなくなってしまいます。そのため、攻撃はしばしばきわめて過酷なものとなり、生命を奪ってしまうような極端な攻撃が生じてしまう場合さえあります。攻撃的排除が注目されやすい理由のひとつには、このような攻撃の過酷さがあるでしょう。

しかし、注意が必要なことは、突出した攻撃的排除はその被害の深刻さゆえに注目を集めやすく、また対応の緊急性も高いといえますが、一方でこれらに注目することは「差別行為」を不可解で不条理なものとしてイメージさせてしまうことになってしまいます。

確かに特定の社会的カテゴリーに属しているという理由だけで殺してしまってもいいと考える人は「異常」なのかもしれません。しかし、それはなんの前触れもなく突如として現れたものではなく、（より被害の少ない）差別行為の連鎖のなかで生み出されたものだと考える必要があります。

(ii) 象徴的排除

「同化」を主要な意図とする差別行為には、「被差別者」に向かう行為が具体的にはまったく存在しない場合があります。先に挙げた「つんぼ」発言の例がその典型的なパターンのひとつです。この類型の差別行為の特徴は、「被差別者」が言葉、あるいはイメージとしてのみ参照されている点にあります。

言葉やイメージとしての参照を「比喩」として理解することはまったく不十分です。確かに「つんぼ」発言の事例においても、「聞こえている」はずの人に「つんぼ」という言葉をなぞらえていることは、比喩であるようにも見えますが、重要なことは、否定させるためにあえて「現実とは異なる」当てはめをしているのだということです。すなわち、「〜ではないわれわれ」を構成するための戦略として理解する必要があります。より強い否定（これはすなわち「われわれ」の構成の強さでもあります）を得るためには、「被差別者」（を表す言葉）は強い負の価値づけを伴う必要があります。つまり「あなたは○○ではないでしょ」というより、「あなたは○○なんていう悪い存在ではないでしょ」ということがより「効果的」なのです。そのような意味において「見下し」の要素は必然です。

しかし、「見下し」の要素は、その言葉を聞く人に不快感をもたらす可能性があります。自分のことではないにせよ侮蔑的な言葉が使われているわけですから、「差別的」だと感じる人がいるかもしれないし、そこまで明確ではなくても「失礼」な感じ、あるいはある種の緊張をその場にもたらしてしまう可能性もあります。それを回避する仕組みが「他者化」です。象徴的排除においては、「被差別者」は「ここにはいない」存在、「われわれ」とは無関係の、現実感のない存在として、語られます。顔の見える具体的な人物を思い浮かべることなく、抽象的な存在としてのみ参照される、これが象徴的排除における「他者化」です。このような「被差別者」カテゴリーの用いられ方を、私は「否定・不在」の用法と呼んでいます。

象徴的排除は、それが「差別者」の思惑どおりの効果を発揮したときには、人権論の視点からの問題化が困難です。本当に「不在」であるなら、その場で傷つけられる人はいないわけですし、人権侵害との関連性もあまり明確ではありません。しかし、「不在」が事実ではないと感じる人がいた場合には、この種の差別行為は深刻な「被害」をもたらします。これは「被差別者」の可視性が低い場合、あるいはメッセージの受け手が限定されていない場合（つまりマスメディアなどを通じた差別表現）に典型的に生じます。

たとえば被差別部落出身者や同性愛者など、日常的に付き合っている人もその「事実」を知らないことが多い差別問題の場合、「差別者」がその場にはいない（不在）としてその言葉を使ったとしても、当事者にとってそれ（不在であること）は事実ではないという事態が起こってしまいます。これは被差別当事者にとって、二重に抑圧的だという意味において深刻な問題が生じます。

たとえば、男性的だとされる価値規範に従わない男性に対して「なんだ、おまえ〝おかま〟かよ」

などと言う場合を考えてみましょう。これもまた発言をした人（「差別者」）は「おまえ」と呼んだ相手を「おかま」ではないことを前提に、相手にそれを否定させることを意図した発言だと考えることができます。「おかま」には否定的なイメージが込められており、その否定的なイメージゆえに相手は強く否定せざるをえず、それが「男性的な価値規範」への同調を強制することになると期待しているわけです。また、「おかま」はここにはいないイメージだけの存在として（「不在」として）語られていると考えることができます。

しかし、もしその場に（ほかの人からはそれと知られていない）男性同性愛者が立ち会っていればどうなるでしょうか。発言をした人が「おかま」に負の価値づけをしていることは明らかなので、その発言を「侮辱」と受け取るでしょう。しかしそれだけではありません。問題はその「侮辱」が直接当人に向けられたものではないということです。「侮辱」は「ここには存在しない他者」に向けられたものであり、その他者化と引き換えに、その同性愛者をも「おかま」でない存在として同化する圧力がかけられているのです。

もし「おかま」発言が三人以上が立ち会っている場でなされたとしたら、直接いわれた人以外の人の反応はどう「あるべき」でしょうか。もし発言に特に異論がないなら、期待されている反応（のひとつ）は「笑う」ことだと思います。笑うことによって「他者化」を肯定し、「同化」を受け入れるというメッセージを送る、そのことが期待されているのです。

すなわち、その場に立ち会った人すべてが「共犯者」（「同化」のメッセージの受け手）であり、もし男性同性愛者がその場にいれば、「共犯者」であり同時に「被差別者」であるという引き裂かれた状態を体験することになってしまいます。

もちろん、告発は可能です。自ら同性愛者であることを明らかにして、その発言の不当性を告発すれば、「不在」は現実ではなくなります。しかしこれは同時に、発言をした人と「笑い」によって「同化」を受け入れた人にとって「他者」としてその場に立ち現れることを意味します。告発は「他者」であることを（少なくとも一時的に）引き受けることによってしか、すなわち「われわれ」の資格を失うリスクを冒すことによってしか、なしえないのです。その意味において、「同化」はもうひとつの抑圧だということができるでしょう。

象徴的排除は、「差別者」あるいは「共犯者」が差別だと認識しにくいという特徴を持っています。なぜなら、「被差別者」は「他者化」されており、「ここにはいない存在」として、言葉のイメージのみが否定形で参照されているだけだからです。多くの場合、「被差別者」を意識した強い侮辱の意図は存在せず、「差別者」「共犯者」の視線は「われわれ」にのみ向けられています。「差別者」は軽い気持ちで使った言葉が「差別だ」と告発されることに驚き、あるいはとまどい、場合によっては反発を感じます。象徴的排除が差別だと認識されにくい原因のひとつに、差別が「被差別者を直接攻撃する行為」だとイメージされている状況があります。そのため、「他者化」によって生じる抑圧が見えにくいのです。このことはのちに偏見理論批判として詳しく扱うことにします。

これまで述べてきた差別行為の類型は、必ずしも具体的な差別行為を明確に分類できるものではありません。今後もいくつかの事例を扱っていきますが、特定の類型にかなりぴったり当てはまるものもあれば、中間的なもの、複数の要素が含まれていると理解した方がいいケースもあります。[5] しかし、これまで述べてきたような、差別行為の多様性を理解することは、差別問題に関するさまざまな問いを、広い視野から考えることに役立ちます。

たとえば、差別は利害関係を背景にして起こっているのか、という問いに対しては、そのようなケースも考えられる（利害関係主導型差別行為）が、「差別者」と「被差別者」の利害関係とはまったく無関係に起こる差別もあるのだということがわかります。また、なぜ特定の社会的カテゴリーのみが差別の対象となるのかを考えるためには、「規範志向的同化」という概念がヒントになります。「関係志向的同化」のケースについていくら考えても、答えは出ないでしょう。差別というのがなぜわかりにくく感じるのか、差別する側とされる側の認識のズレはどうして生じるのか、という問いに対しては、「象徴的排除」を典型的なケースとして考えることによって理解が深まると思います。

これまで述べてきた類型論は、差別問題についてさまざまに論じられてきたことを、つなぎ合わせ、整理していくための足掛かりになるはずです。

5 差別行為の連鎖

これまでは、差別行為を「起点になる行為」に絞って考察してきましたが、それだけでは差別が「構造的」であることを説明できません。排除の起点となる行為によって「差別者」から「同化」メッセージを受け取った「共犯者」が、今度は自らが「差別者」となり、新たな差別行為の起点になっていく、そういった差別行為の連なり――連鎖の仕組み――を考えていく必要があるでしょう。ただ、前もってお断りしておきますが、連鎖についての理論はまだ十分に整理がついておらず、現時点では考察の入り口程度のことしか示すことができません。これを読んだ皆さんがそれぞれ考えを深めていってほしいと思います。

(1) 認知的連鎖

考察の出発点として、まず何度も引き合いに出してきた「女ってのは……」という発言を取り上げてみましょう。

Aが「まったく女ってのは何を考えているのかさっぱりわからないね」と発言したのはCに対する「同化」のメッセージだと説明しましたが、そのときCはどのような行動をとるでしょうか。

まず、最初の説明で「ありうる帰結」のひとつとして書いたように、「女はわからない」という認識を受け入れ、(Bから見ると)公平ではない態度をとるようになるというケースです。この場合、連鎖はある認識枠組みを受け入れることによって起こります。「女性」と「男性」という並列的な関係ではなく「女性」と「われわれ」という非対称な関係によって「女性」を見る(すなわち他者化する)認識枠組みを受け入れるために、それに基づいた行動が中立的ではなくなってしまうのです。このような仕組みで起こる連鎖を「認知的連鎖」と呼びましょう。

認知的連鎖は、偏見や差別意識の伝達だと受け止められるかもしれません。しかし、詳しくはのちに説明しますが、重要なことは「われわれ」の共有を通じて「他者化」された認識が共有されるプロセスだということです。「あいつらは悪いやつらだ」という認識が伝わるのは、「悪い」ということを信じるためではなく、「あいつら」は私にとっても「あいつら」(すなわち「他者」)という存在だということを受け入れるためなのです。

認知的連鎖という仕組みは、直接的に次の「起点となる行為」を誘発するものではありません。Cがもし「女はわからない」という認識を受け入れたとしても、Aに加担するような行為を実際にするかどうかはわかりません。そういう意味では直接的な影響力としては「弱い」といえますが、もしCが差別行為の「動機」を持った場合にはこの認識が動員される可能性は高いと考えられるでしょう。

AがCの上司であるなど、CにとってAが、もっと接近したい人物である場合には、別のパターンが考えられます。その場合、Cはあらかじめ Aに「同化」されたいという動機を持っているため、より積極的にAの「同化」メッセージを受け入れようとするでしょう。「積極的に」というのは、「同化」を受け入れたことを相手（A）にはっきりわかるように示そうとするだろうということです。たとえば、Aの見ている前で、Aよりもさらに攻撃的にBに接するかもしれません。これをもう少し一般化すると、「同化」を求める動機を持つ人は「同化」メッセージにより積極的に反応する可能性があるということです。

「同化」を求める動機には、先に説明したように、特定の個人への「同化」だけでなく、「われわれ」というメンバーシップへの「同化」も含まれます。すなわち、なんらかのメンバーシップを確保したいという動機を持つ人（特に、そのメンバーシップが危うくなっているという危機感を持っている場合など）は、より積極的に「同化」メッセージに反応するだろうということです。ある意味では、その人にとって「同化」メッセージはひとつのきっかけにすぎないかもしれません。場合によっては「差別者」が「同化」の意図を持っていなくてもそこから強引に「同化」メッセージを読み取ろうとするかもしれません。

このパターンの連鎖は、一般的に、起点となる行為よりも連鎖によって生じた「新たな起点」がより強い攻撃的性質を持つことが多いと思います（現時点で十分な根拠はありません。仮説として受け止めてください）。そこでとりあえずこのパターンを「過剰な連鎖」と呼ぶことにします。

「過剰な連鎖」はしばしば「差別者」（場合によっては「差別者」と呼ぶことさえ不適切な場合もあります）の意図を超えて、強い攻撃を誘発してしまう場合があります。とりわけ発言力・影響力の強い人、たとえば政治家とか教師とかの「不用意な発言」が攻撃を誘発するといった事態はしばしば見られます。こういった場合についても、連鎖が基本的に「同化」メッセージへの反応なのだという認識は有効です。すなわち、「悪くいうこと」が問題なのではなく、「われわれ」にとっての「他者」として描くことが「過剰な連鎖」をもたらすのです。

(2) 儀礼的排除

さらに違ったタイプの連鎖について説明するために、別の例について考えてみましょう。いじめ関係の研究では「バイキン遊び」などと呼ばれることもあるようですが、特定の人を「汚い」ものと意味づけ、その人あるいはその人の持ち物に触れると「バイキン」がうつったなどと称して、それをほかの人になすりつけようとする行為が「いじめ」のひとつの形として報告されています。触られて「バイキン」をうつされた人はさらにそれをほかの人にうつそうとし、かくしてその場（たとえば教室など）で追いかけっこが繰り広げられることになります。これは明らかに集団的ないじめの事例なのですが、問題はどのようにして集団的な行為として成立しているのかということです。

この「いじめ」は一種の「ゲーム」としての性質を持っており、そこにはいくつかの暗黙のルールがあることがわかります。すぐにわかるとおり、これは「鬼ごっこ」と似たルールによって構成されているのですが、重要な違いがひとつあります。それは、参加者があらかじめ確定していない、ということです。「鬼ごっこ」の場合は最初に参加者を募り、じゃんけんなどで鬼を決めてスタートするのが一般的でしょうが、この場合はそうではありません。それではどのようにして参加者が決められるのかというと、「バイキン」をつけられた人が強制的に参加者とされてしまうわけです。そして、この場合の「参加者」とは、「仲間」という言葉で言い換えが可能です。「仲間」に加わるためには、「バイキン」をつけてもらう必要があります。ですから本気で逃げ回ることはある意味で「ルール違反」です。最後まで逃げ切った人が「勝ち」だというゲームではないのです。つけられた「バイキン」はほかの人につけなければなりません。そのことによって、「仲間」である資格を得ることができるのです。このようにして、「仲間」を増やし、確定していく、それがこの「ゲーム」の意味だ(6)と考えることができるでしょう。

この事例からは、連鎖の仕組みについての重要な要素を抽出することができます。「仲間」になるためには、いったん「バイキン」をつけられる、すなわち「汚いもの」とされることが必要です。そして、「汚い」という価値を受け入れ、それを拒否する、すなわちほかの人に「バイキン」をつけるという形で自らを〝浄化〟することによって、「仲間」である資格を得るわけです。「バイキン」をつけられた状態にある人は、一時的に排除の対象になります。だからこそ、「鬼ごっこ」的ゲームが成立するのです。

今まで扱ってきた事例においても、これと似た仕組みが働いていると考えられるものがいくつかあります。「つんぼ」発言の事例では、その言葉を投げかけられた学生は、「つんぼ」という言葉で侮辱されることを（擬似的に）経験するわけですし、「おかま」発言についても基本的に同じで、周囲から「笑いもの」にされるという形で一時的に「排除」されるわけです。すなわちこれらの発言は「バイキン遊び」と形式的には同じであるといっていいでしょう。

このような一時的な排除、もしくは擬似的な排除を「儀礼的排除」と呼ぶことにします。儀礼的排除は、本来は「われわれ」の一員であるはずの人を、「被差別者」となんらかの近接性を持つという理由で忌避、侮蔑、攻撃などの対象にする行為だと考えることができます。儀礼的に排除された人は、「私は排除されるべき人ではない」ということを具体的な行動によって証明しなくてはなりません。そして、その証明の方法とは、「本来排除されるべき人」に対する忌避、侮辱、攻撃などであり、それによって「われわれ」に復帰することができるわけです。

このような儀礼的排除は、差別行為が連鎖する（連鎖させる）仕組みとしてかなり一般的なものではないかと私は考えています。

「いじめ」に加担する人は、「いじめに加わらないと自分がいじめられる」といった説明をすることがありますが、そのように考えてしまう根拠はどこにあるのでしょうか。私は「バイキン遊び」やほかのパターンの儀礼的排除が行われており、それがある種の牽制として機能しているためそのような感覚を持つようになるのではないかと考えています。

このように考えると、「被差別者」と付き合いがある人を排除の対象とすることも、一種の儀礼的排除だと考えることができます。すなわち、被差別部落に対する結婚差別も、基本的に「バイキン遊び」と同じなのです。(7)(8)

この項の最初にも書いたように、差別行為の連鎖についての理論の整理はまだ手をつけ始めたという段階であり、さまざまな具体的状況を参照しながらより詳しく考えていく必要があります。その際に重要なことは、連鎖は基本的に「同化」という文脈で起こっているのだと理解することです。「同化」メッセージを受け取った「共犯者」が新たな差別行為の起点となるのはどうしてなのか。その仕組みをより具体的に解明していく必要があると思います。

6 差別行為の認識可能性——認識のズレとその解決

「はじめに」でも書いたように、差別問題の解決が困難である理由のひとつに、差別する側と差別される側の認識にしばしばズレが生じることを挙げることができます。そこで、これまで説明してきたことを踏まえて、どうして認識のズレが生じるのか、またそれはどのようにして解決できるのかを考えてみましょう。

(1) 他者の抽象化

まず最初に、最も認識のズレが起こりやすい象徴的排除について考えていきます。象徴的排除の場合、「差別者」の意図としては、「被差別者」(を示す言葉あるいはシンボル) は、「~ではない」ことによって「われわれ」であることを示すためだけに参照されており、なおかつ「ここにはいない」ことを前提として用いられています。そのため「つんぼ」発言の例では、もしその発言をした人が「それは差別だ」と告発されたとしても、本人には耳の聞こえない人、あるいは聴覚障害者を侮辱したり攻撃したりするつもりはないので、その告発は唐突なものと受け取るでしょう。すなわち、「他者化」(この場合は「否定・不在」としての用法) が認識のズレを引き起こしているのです。

さらに、差別行為についての「ある種のイメージ」がこの傾向に拍車をかけてしまいます。差別行為は「被差別者」に対する侮辱や攻撃であるといったイメージをもし「差別者」が持っていたとするなら (現状においてはほとんどそうだといえるでしょう)、問題になるのは「差別者」と「被差別者」の関係のみであり、しかもこの場合は「被差別者」は「不在」であるため、「つんぼ」という言葉を使ったことのみが差別である根拠だと受け止められてしまいます。だれに対してどういう意図で「つんぼ」

という言葉を使ったのかという文脈は忘れられ、いかなる状況でも「つんぼ」という言葉を使うことは差別なのだと理解するしかなくなってしまうのです。この論点については第3章で詳しく考えることにします。

「他者化」による認識のズレは、「被差別者」への具体的な行為が存在するほかの差別行為の類型においても起こります。攻撃的排除の場合、「差別者」の意図は「被差別者」を忌避したり攻撃したりすることそのものにあるのではなく、その行為を「共犯者」に示すことにあります。しかし、具体的な忌避や攻撃を伴う以上、それに対する倫理的な規制が働く余地があるはずです。「かわいそう」だと感じたり、「悪いこと」だと思ったりせずにはいられません。それを打ち消すのが「他者化」です。「被差別者」は「われわれ」とは無関係な「他者」であり、「われわれ」のなかにおいては尊重されるべき互いの人格を尊重するルールは適用されなくなってしまいます。極端な場合には忌避や攻撃の対象が「人間」であるという認識さえ希薄になってしまうのだと考えられます（ヘイトクライムなど）。

このような（認識のズレが生じる）仕組みを、「他者の抽象化」と呼ぶことにしましょう。「他者の抽象化」は攻撃や侮辱などを、「生身の人間」に対するものだとは思わせない仕組みです。そのことによって「差別」とは認識できにくくなっているのです。

（2）他者の客体化

「他者化」にはもうひとつ、認識のズレをもたらす仕組みがあります。それは「われわれ」が特定の社会的カテゴリーを示すものではなく、まさに「われわれ」としかいえないものとして定義されていることによって、特定の立場からの認識があたかも「被差別者」の客観的属性であるかのように見えてしまうということです。

最初の「女ってのは……」発言の説明を思い出してください。「女ってのは何を考えているのかさっぱりわからないね」という発言に含まれる「わからない」という言葉は、もともと「相手（B）の考えていることが私にはわからない」という意味であったものを、Bを「女」として「他者化」することによって「男である（女でない）われわれにはわからない」と一般化し、さらに「われわれ」に直接言及しないことによって、Bが「わからない」という（客観的）属性を持っているかのように意味づけてしまうものだと説明しました。この仕組みは非常に強力であり、しばしば「差別される側」や差別を告発しようとする人をも巻き込んでしまいます。

「女ってのは」発言に即して考えると、これはもともとAがBのいうことを理解できなかったという問題であり、「わからないことを相手のせいにばかりしないで自分でも理解しようと努力しなさいよ」といえばすむ話なのですが、「Bが（女が）わからない存在である（論理的でない、など）」という問題であるかのように設定されることによって、「Bは論理的に話している」という反論のスタイルをとらざるをえなくなってしまいます。

しかしこの反論はあまり有効ではありません。一点の非の打ちどころもないほど「論理的」だということはありえないことであり、探せばいくらでも「論理的でない」証拠は見つけることができるでしょう。そういう意味でこれはBにとって構造的に不利な問題設定であり、それは、同じように探せばいくらでも論理的でない点を発見できたであろうAの問題が「不問にされている」ために生じているのです。すなわち、「Bが論理的であるかどうか」という問題設定を受け入れてしまった時点で、すでに「取り込まれている」のであり、それを前提として反論を試みたとしても、Bが感じる不当性とのギャップは埋められません。

このような仕組みはあらゆる差別問題で見ることができます。たとえば、「同和はこわい」といった感覚は次のようなプロセスで生じるのだと考えることができます。

部落差別をしたとして告発された（糾弾を受けた）人がいるとします。もしその人が「自分が差別をした」ということを認めず、その告発を不当なものだと考えたとすると、「こわい」という感覚を持つ可能性はあるでしょう。そしてそのことをだれかに語るかもしれません。たとえば、「糾弾されてこわい思いをした。おまえも気をつけろよ」といったように。

この発言からは「同化」のメッセージを見て取ることができます。「糾弾のこわさ」を（場合によっては誇張して）強調することによって、相手を「糾弾されてしまうかもしれない（部落ではない）われわれ」に取り込もうとしているわけです。もしそれが成功すると、「糾弾された人にとってこわい」という感覚は、「糾弾される可能性がある＝部落でないわれわれにとって部落（問題）はこわい」として共有され、さらに「われわれ」が直接語られず一般化されることによって、「こわいという（客観的）属性を持つ」かのように認識されてしまうのです。

繰り返しになりますが、「女は論理的ではない」「同和はこわい」といったような社会的カテゴリーに付与されたイメージなどが問題なのではないということは、もう一度強調しておきたいと思います。このような問題設定こそが「認識のズレ」をもたらすものであり、主観的な認識をあたかも「客観的な属性」であるかのように構成してしまう「他者化」の作用なのです。

このような仕組みを、「他者の客体化」と呼ぶことにします。他者の客体化は、差別の根拠や原因が差別される側にのみ存在しているかのように認識させてしまう仕組みです。[9]

(3) 他者化に着目する差別の認識

それでは、こういった「認識のズレ」はどのようにして埋めることができるのでしょうか。これは言い換えるなら、「差別行為はどのようにして差別であると認識できるのか」という問題でもあります。

「排除」の仕組みから考えると、認識のズレを克服し、差別を認識する方法には大きく分けて二通りのものがあると考えられます。ひとつは、「他者化」に注目する方法であり、もうひとつは「同化」に注目する方法です。

「他者化」に注目する方法とは、「他者」として構成されている「被差別者」を「われわれ」の内側に引き戻すということです。これは主として「他者の抽象化」に対する効果が期待できます。どのようにして引き戻すのかというと、まず、「われわれ」を「被差別者」も含む形で再構成することが考えられます。たとえば、「(被差別者も)同じ人間だ」といった言い方は、「人間」という抽象的カテゴリーによって、「被差別者」も含んだ「われわれ」を構成しようとしているのだと考えることができます。

これは一般論としては理にかなった方法ですが、実際にはそう簡単なことではありません。「同じ人間だ」というだけで認識のズレがすべて解消されるはずはないからです。この方法によって認識のズレが解消されるためにはなんらかの契機が必要です。

考えられる契機のひとつは、「普遍的権利が侵害されている」という告発です。これが「他者化」に抗する契機となるのは、「普遍的権利の侵害」という事実を認識することによって、「普遍的権利を等しく持つわれわれ」を構成するからです。これは現代社会において差別を認識する最も一般的な方法だと考えられます。人権論のアプローチは基本的にこのような認識方法をとります。

この方法のメリットは、「普遍的権利を等しく持つわれわれ(国民、市民など)」の問題として構成することにより、公的・制度的手段による対応が可能になることです。しかし、「他者化」によって認識のズレが生じる仕組みを考えると、この方法はきわめて限定的な効果しか持ちえないことがわかります。

普遍的権利の侵害という告発によって「他者の抽象化」が抑制されるのは、「権利の侵害」という具体的事実によって「被差別者」が実体化する、すなわち、「被害者」として公的空間に登場するためです。

あるコミュニティのなかで日常的にある人々（たとえば被差別部落）に対する侮蔑的な発言が繰り返されていたとします。そのコミュニティの「われわれ」にとって部落は「他者」であり、抽象化された存在として構成されていると考えられます。こういった状況に対して、「そのような侮蔑的な発言は私（たち）を深く傷つける」という告発がなされたとき、どのような認識の変化が起こるでしょうか。「傷つけられる」という告発が有効になるためには、それが「普遍的基準」に基づいて理解される必要があります。「なんでそれくらいのことで傷つけられるのかわからない」というのでは効果はなく、「そういうことをいわれたら確かにだれでも（私でも）傷つけられる」という理解、あるいは「（私も含めて）だれであってもそういうことをいわれていいはずがない」と理解されて初めて「普遍的基準を共有するわれわれ」が形成されるのです。

このように考えると、「普遍的権利の侵害を告発する」という方法の限界もまた見えてきます。「被差別者」の「被害」を普遍的基準に基づいて明確に示すことがいつでも可能であるとは限りません。たとえば、いわゆる「環境型」セクシュアルハラスメントがなかなか男性に理解されないのは、「不快である」という感覚を男性が「われわれ」のものとして共有しにくいからでしょう。そのため、「不快である」というのは共感できる不快さ、「われわれ」を構成しうる不快さではなく、共感のできない不快さ、他者のものとしての不快さとして位置づけられるからだと思います。[10][11]

こういった場合にしばしばいわれるのが「本音と建前の使い分け」といった言葉です。「建前」としては、セクハラはいけないことだけど、「本音」では、いちいちそんなことで文句をいうなと感じている、といった捉え方です。しかし、これを本音＝本心、建前＝うわべだけの態度、などと受け止めるべきではありません。「いちいち文句をいうな」というのを「本音」として意味づけるのは一種の「同化」メッセージです。「おまえは〝われわれ〟の仲間だから本音を話すよ」という形で客観的基準を相対化し、「他者化」によって構成される「われわれ」を維持しようとする試みだと受け止めるべきでしょう。すなわち、「本音と建前の使い分け」というのは、二つの「われわれ」が使い分けられているということなのです。[12]

「被差別者」を含む別の「われわれ」を構築するという方法の難点は、まさにこの点にあります。「他者化」によって構築される「われわれ」を解体することなしに新たな「われわれ」を打ち立てようとするために、二つの「われわれ」の並存――使い分け――という状態を作り出してしまう可能性があるのです。

「被差別者」を「われわれ」の内側に引き戻す方法としては、ほかに、初めから「われわれ」の内側に「被差別者」は存在していたのだということを示す方法があります。典型的なのはいわゆる「カミングアウト」でしょう。これは非常に限られた状況で（しかも一回限り）しか使うことができない方法ですが、「ここにはいない他者」であったはずの「被差別者」がこの場に存在しているということを示すわけですから、成功すれば非常に効果が大きいと考えられます。しかも、「他者化」によって構成される「われわれ」そのものを壊してしまうため、二つの「われわれ」の並存という問題も生じません。

しかし、強力であるがゆえに激しい反発が起こる可能性もあり、そのため「カミングアウト」した人が忌避、攻撃などの対象になってしまうというリスクは否定できないでしょう。そのリスクを最小限にするためには、次に述べる「同化」に注目する方法を意識する必要があると思います。

「他者化」に注目する方法に共通する問題点として指摘しておきたいのは、「他者の客体化」に対して直接の効果を期待できないということです。

「女は論理的ではない」という「他者化された認識」に対して、「被差別者」を「われわれ」の内側に引き戻すという方法で対応するとどうなるでしょうか。この場合の「われわれ」は認識主体（見る側）ですから、「被差別者」も「われわれ」と同じように「被差別者」を見ることを「許可する」ということです。すなわち、女性も「女は論理的でない」かどうかを議論する権利があり、もちろんそれに反論する権利だってあるということです。

しかし、「女は論理的ではない」というのが「他者化された認識」、すなわち、「男（女でない者）にとって女はわからない」という意味であるなら、女性がいくら「論理的だ」ということを証明しようとしても効果がありません。本当はそれが問題ではないからです。

「同和（部落）はこわい」も同様で、「糾弾を受けるかもしれないわれわれ」にとって「部落はこわい」という意味なら、被差別部落出身者を「われわれ」に引き戻すということは、糾弾を受ける立場に立ってこわいかどうかをともに考えることを強要することにほかなりません。

「他者化」に注目する方法というのは、「他者」である「被差別者」をよりよく見ることによって「われわれ」に引き入れるということです。しかし、「他者の客体化」とは「他者」が「見られる存在」になっているということですから、この点に関して効果が期待できないのです。

（4）同化に着目する差別の認識

それでは、もうひとつの「同化」に注目する方法とはどのようなものでしょうか。実は本章でさまざまな事例について解説してきたのが「同化」に注目する方法です。すなわち、差別論は基本的に「同化」に着目する方法を採用するのです。

認識のズレの解決が困難なのは、「われわれ」というものが見えにくいことにあります。ほとんどの場合それは直接語られることはなく、「他者」を示すことによって間接的に構成されています。また、「われわれ」ははっきりとした輪郭を持たず、ほかの社会的カテゴリーで置き換えることも基本的にできません。「われわれ」は見えない社会的カテゴリーだといってもいいと思います。

それでは、どうすればいいのかというと、「われわれ」は見えなくても「われわれ」を作ろうとする行為、すなわち「同化」メッセージは必ず見ることができるという点に着目するのです。「見ることができる」というのは、たとえば私が「これこれが同化メッセージです」などといった解説をするまでもなく、その場にいる人たちは「同化」メッセージを認識し、それに影響を受けています。だからこそ排除が起こるわけですし、差別行為が連鎖するのです。

ただ、認識しているといっても、明示的に理解しているのではなく、暗黙のうちに語られたものを暗黙のうちに理解し、暗黙のうちに「われわれ」という視点から「被差別者」を認識し、それに基づいて行動しているわけです。そのため、暗黙のうちに理解している「同化」メッセージを表に引き出すための仕掛けが必要です。それが三者関係モデルであり、そのなかでも特に「共犯者」という概念です。

本書での事例の扱い方を思い出してください。たとえば「つんぼ」発言については、これまでの一般的な差別の捉え方では、発言をした人と「つんぼ」という言葉が当てはめられる可能性がある人々との関係のみが注目されます。この場合は「つんぼ」に該当する人がその場にはいないということになっているので、その発言をそれがなされた具体的な場面から切り離して理解するしかありません。そのため、だれに対して向けられた発言なのかということも考慮されないのです。もちろんそのような理解の仕方では「われわれ」は見えるはずがありません。

「同化」メッセージを認識するためには、あくまでも具体的な場面、文脈のなかで発言や行為を理解する必要があります。そして、「差別者」の発言や行為はだれに対して向けられたものなのか、「差別者」は何を意図しているのかを読み取らなくてはなりません。

このような理解の仕方が、どうして「認識のズレ」を克服できるのでしょうか。「つんぼ」発言の例で、もしだれかが「それは聴覚障害者を傷つける発言だ」などといった場合、もしかしたら発言をした教員は「私はそんなつもりはなかった」と答えるかもしれません。これが「認識のズレ」です（他者の抽象化）。しかし、「『つんぼ』という言葉を引き合いに出して学生を自分に従わせようとするやり方はおかしい[13]」などといった場合はどうでしょうか。おそらくこちらの方が、（差別だと認めるかどうかは別として）批判は受け入れられやすいのではないかと思います。それは、その批判がその場の文脈に即してなされているからです。

同化主導型差別行為において他者の抽象化が起こるのは、差別者の意識が共犯者に向いているからにほかなりません。そのため、他者の抽象化それ自体を解消しようとするのではなく、「本来の文脈」

に即して差別行為を理解することが有効なのです。

それでは、他者の客体化についてはどうでしょうか。客体化が起こる例として「女ってのは……」発言について考えてみましょう。この場合の客体化とは、「(私には)わからない」ということが「(女は)わからない(存在だ)」と変換されてしまうことでした。

同化メッセージを読み取ることによって、この変換が起こる前の状態を考えることが可能になります。「わからない」ことに同意を求める行為(これが同化メッセージです)それ自体に注目するからです。暗黙のうちに同意させられてしまうのではなく、同意すべきかそうでないかが、判断の余地があることとして認識され、さらに同意させられてしまう仕組みを認識する可能性もここから生まれます。「この人は自分が男であり、私も男だから当然自分の味方になるはずだと思っているのだ。しかし、そのことと、コミュニケーションがうまく成り立っていない責任がどちらにあるのかという問題とは、本来関係がないはずだ」。「共犯者」がここまで認識を深めることができれば、他者の抽象化という問題は解消できるはずです。[14]

このように、「同化に着目する方法」は、原理的には他者の抽象化にも他者の客体化にも対応でき、「認識のズレ」という問題に対して根本的な解決策であるといえます。

しかし、実際にはこれはそれほど簡単なことではありません。同化メッセージの読み取りを困難にしている原因がいくつかあるからです。

まず第一に、「差別」についてのある種のイメージが、同化メッセージの読み取りを困難にしています。差別は「差別者」による「被差別者」に対する行為なのだという二者関係での捉え方、あるいは差別は（意図的な）侮辱や攻撃なのだという認識、そういった、これまでの差別についての常識的な考え方が、具体的な文脈から視線をそらさせてしまうのです。このような「常識的な考え方」を本書では「偏見理論」として把握し、第3章において徹底的な批判を試みます。

第二に、同化メッセージはそもそもあいまいな形で送られる理由があるからです。この「同化メッセージのあいまい性」という論点は、差別について考えるうえできわめて重要であると私は考えています。

(5) 同化メッセージのあいまい性

同化メッセージはなぜあいまいな形で送られるのでしょうか。それは、「同化」が暗黙のうちになされるように仕組まれているからです。

「差別者」が作ろうとする「他者」と「われわれ」の壁は、そのような壁があるのだという主張や、壁があるのだと考えてほしいという提案として語られるものではありません。そのような形だと「壁」自体が議論の対象となってしまうからです。そうではなく、「壁」は初めから存在しているのだとして、それは前提であるとして語られる必要があります。そして、「前提として語る」ための最も強力な方法は、情報を省略することです。
たとえば次のような会話が交わされている場面に立ち会ったとしたら、あなたはそれをどう受け止めるでしょうか。

A「あいつってアレなんだぜ、おまえも気をつけろよ」
B「ああ、やっぱりあいつはアレだったのか」

「アレ」が何を指すのかはこの文章だけからはまったくわかりませんが、Aは、「アレ」という言葉が何を指すのかをBが知っていること、Bは「アレ」でないこと、さらに「アレ」は「気をつけなければならない」存在であることを前提として話していることはわかります。その前提を受け入れなければAの発言は意味をなさないからです。そして、それらのことを明示的に語らないことによって、「われわれ」にとって既知の事実であると示しているのです。
しかし、「前提である」ということは、Aがそのように語っているだけであって、「前提として共有されている」という事実を意味しているわけではありません。実際にはBが「アレ」について十分な知識を持っているとは限らないでしょうし、Bが何かを知っているとしても、「Bが知っている」ということをAが知っているかどうかもわかりません。

それではもし、Bが「アレ」について十分な知識を持っていなければどうなるでしょうか。「おまえも気をつけろよ」と、明らかに返答を求められているわけですから何かいわないわけにはいきません。まったく見当もつかなければ「アレってなんのこと?」と尋ねることも考えられますが、その場合は「なんだおまえアレも知らないのか?」などとさげすまれることを覚悟する必要があるでしょう。それが嫌なら前後の文脈から判断して適当に話を合わせるしかありません。すなわち、「われわれ」は知っているはずだ、という形で提示する(情報を省略する)ことによって、知っていることを「われわれ」の条件として構成しているわけです。[15] この例において、同化メッセージは「アレ」という語彙にあるのではなく、「情報の省略」にあるのだということができるでしょう。

「被差別者」を表す隠語や身振りなどによるシンボルがしばしば用いられることも、基本的に同じ理由です。これらは何かを「隠す」ことが目的なのではなく、それが「われわれ」の言葉であるとして示すために隠語などが用いられるのです。

かつてある政治家が公の場で「三国人」という言葉を使い、それが「差別語」であるとして問題になったことがありました。[16] しかしこれまでの議論から考えると、この言葉がどのような歴史的経緯を持っているのか、正確にはだれのことを指しているのかといったことが問題なのではありません。むしろ、あいまいであることが、同化メッセージとしての重要な要素なのです。おそらくこの言葉を聞いた人の多くは、そのときに初めてこの言葉を聞いたのではないかと思います。にもかかわらず説明抜きに「知っているものとして」語られるのです。（聞き手を含む）「われわれ」は「三国人」というのを初めから知っているはずなのだ、と。もうおわかりだと思いますが、「三国人」は基本的に「アレ」と同じなのです。

「同化」メッセージは、基本的に「わかる人にしかわからない」ように発せられており、それを「わかる」ことによって、相手を「わかる人」すなわち「共犯者」として取り込んでいくのです。この「わかる人にしかわからない」という性質は、同化メッセージの読み取りを困難にするだけでなく、差別に対抗する戦略を考えるうえでも非常に厄介な問題をもたらしてしまいます。

「わかる人にしかわからない」メッセージを「わかる」ことによって同化されてしまうということは、そのメッセージはある人にとっては同化メッセージであるが、ほかの人にとってはそうではない、ということになってしまいます。そのため、まず第一に、ある発言や行為が差別であるかどうかを客観的に示すことができません。実際、「差別表現」というものはすべて、受け止め方によってどちらとでもとれるようなあいまいさを持っています。(17) このことは、「同化に着目する方法」が差別の告発には適していないということを意味しています。まったく告発ができないわけではありませんが「弱い」のです。この点については、第4章において、より詳細に検討しようと思います。

第二に、もし「わかる人にしかわからない」メッセージを「わかった」とすると、そのときにはすでに「同化」されてしまっているのです。先ほどの「アレ」という言葉だと、「ははぁ、アレってたのは○○のことだな」とピンときた瞬間に、「アレ」を「他者」として認識する視点が作られてしまいます。つまり、同化メッセージを読み取ろうとすると、そのことによって「同化」されてしまう。そのために結局、他者の客体化の罠からは抜け出せないという結果になってしまいます。

これはちょっとわかりにくいかもしれないので、「女ってのは……」の例でもう少し説明してみます。もしその発言を聞いた人が、「ははぁ、この人は『女は論理的ではない』といいたいのだな」と「正しく」メッセージを読み取ったとしても、すでに論点は「私にはわからない」から「女はわからない」にシフトしてしまっています。そのため、そのようなメッセージの読み取りを前提にした場合の反論は「女は論理的ではない、ということはない」といった言い方にならざるをえません。これでは「他者の客体化」の問題にはまったく対応できていないといえるでしょう。

いったいどこがおかしいのでしょうか。実は、「同化に着目する方法」において同化メッセージを「見る」ということは、そのメッセージの内容を「わかる」ことではないのです。そうではなくて、「わかる人にしかわからない」メッセージであるということを「わかる」ことが必要なのです。言い換えるなら、あいまいなメッセージのあいまいさを埋めて明確にすることが必要なのではなく、メッセージがあいまいに発せられていることそれ自体に注目しなくてはならないのです。もう一度「アレ」の例を引き合いに出すと、「アレ」とは何を指しているのだろうかと考えるのではなく、なぜ「アレ」というあいまいな言葉を使ったのかを考えることが必要なのだということです。

このようなメッセージの読み取り方には、特殊な態度を必要とします。なぜなら、あいまいなメッセージに対して、人はまずそのあいまいさを取り除こうとしてしまうからです。たとえば「三国人」という言葉を問題にしようとするときも、まずその言葉が、だれを、どのような意味合いで指し示しているのかが問われてしまいます。これもまた「わかる人にしかわからない」メッセージ（の内容）を「わかろうとする」試みだということができます。しかし、そのような視点では「他者化の罠」から抜け出すことはできません。「三国人」があいまいな言葉であること、それ自体が注目されねばならないのです。

このように考えると、同化メッセージのあいまいさは、実は同化メッセージを読み取ることを困難にしている要因ではないということがわかります。なぜなら「あいまいさ」それ自体を捉えることが目的なのですから。しかし、そこには別の困難があります。すなわち、「あいまいさ」を捉えるためには、特殊な態度が必要だということです。

それでは、その態度とはどのようなものなのか、さらに、どうすればそのような態度を身につけられるのか。この論点についても、第4章で考察しようと思います。

7 批判と差別

最後に、排除の理論のひとつの応用例という意味合いも込めて、実践的なテーマについて考えてみようと思います。

「差別」が実際に社会問題として意識され、差別に対抗する、あるいは差別をなくそうとする考え方や行動が一定の影響力を持つにつれ、それらに対する批判もまた行われるようになります。もちろん、批判は必要なことであり、それなくしては思想や運動の発展も望めないのですが、「批判」という形式を持った事実上の差別発言が存在するのも事実でしょう。

そこで、この節では批判と差別はどのように区別できるのか、また批判と差別がどのように関係しているのか（あるいはしていないのか）を考えていきます。

まず最初に、以下の発言例を見てください。

A「○○さんってけっこうバリバリのフェミニストらしいよ。おまえも言葉に気をつけた方がいいぞ」

この発言は「善意の忠告」として読むことも可能だし、Aの意図としてはそうなのかもしれません。しかし、「省略された前提」に注目するなら、この発言に「同化」メッセージを読み取ることが可能です。

この発言で省略されているのは、「なぜ気をつけた方がいいのか」という理由です。この発言を理解可能なものとして読み取るためには、「フェミニストは男性のちょっとした言葉を差別だと受け止めて攻撃してくるぞ」などといった暗黙の前提を補う必要があります。

それではこの省略によって、どのような「われわれ」に「同化」しようとしているのでしょうか。実はこの点が多少複雑で、この場合二つの「われわれ」が考えられます。

まずひとつは、フェミニストが「攻撃的である」といった他者としてのイメージを共有する「われわれ」です。これは、そういったイメージを省略して「わかる人にはわかる」ものとして発せられたメッセージを「わかる」ことによって構成される「われわれ」ですが、その意味においては、この「われわれ」は（フェミニストでない）女性も含みうるものです。もうひとつは、「フェミニストに攻撃される可能性がある者」としての「われわれ」です。「気をつけろよ」というのは、「われわれはみんな攻撃対象だから」という暗黙の前提によって成り立っていると考えられます。この場合の「われわれ」は、ほぼ「男性」と一致すると考えられるでしょう。

反差別運動やそれに参加する人に対する批判／差別について考えるうえで、後者の「われわれ」を理解することがカギになります。

この「われわれ」は、「差別だ」と告発される可能性を共有する、あるいは「差別する側」全体が告発されているというイメージによって構成される「われわれ」です。これを「被告発のわれわれ」と呼ぶことにしましょう。

「被告発のわれわれ」が構成されるためには、差別行為とそれに対する告発との対応関係があいまいでなくてはなりません。差別をしたから告発されたのだということが明確であれば、特定の個人（の行為）が告発されているのですから、「おまえも気をつけろよ」というのは「差別をするな」というアドバイスにすぎなくなります。しかし、「なぜ差別だといわれるのかわからない」、あるいは差別だとされた行為に触れなかったりあいまいにしたりすることによって、差別行為と告発とを切り離し、あたかも「われわれ」全体が告発されているかのように描き出せば、「被告発のわれわれ」を構成できるのです。

さらに、「被告発のわれわれ」は、たとえば「男性」などとして直接語られることなく、「われわれ」としてあいまいに語られることによって、「告発」があたかも社会全体への攻撃であるかのように語ることを可能にしたり、あるいは「告発」がその人の属性であるかのように（たとえば「なんに対しても文句をいう人」といったように）語ったりすることを可能にします。

注意すべきことは、「被告発のわれわれ」は告発によって作られるものではなく、告発について特定の方法で語る行為が「被告発のわれわれ」を構成する行為だということです。仮に、女性が「男はみんな〈女性〉差別者だ」と男性に対して「告発」したとしても、それだけで「被告発のわれわれ」が構成されるわけではありません。なぜなら、ここで語られている「男」は「われわれ」ではないからです。この発言における「男」は認識の対象〈客体〉であり、「差別者かどうか」が問われています。そのため、この発言の聞き手が男性だったとすると、「自分が差別者かどうか」についてなんらかの答えを用意しなくてはなりません。

「被告発のわれわれ」を構成するためには、この発言を「われわれ」の視点から捉え返すことが必要です。すなわち、「フェミニストが男はみんな差別者だと言っている」などと意味づけ、そしてそれを語ることです。この捉え返しによって、論点は「男はみんな差別者かどうか」から「フェミニストの主張は正しいのか」にシフトします。「フェミニスト」などのカテゴリーを持ち込むことによって、主張を特定の立場に帰属させ、その主張を「外部から」行われたものであると意味づけます。そして「フェミニスト」を外から見る「われわれ」を構成し、最初の論点は「われわれ」のなかに埋没して見えなくなってしまうのです。

このような「告発の捉え返し」のひとつの典型として、「告発の先取り」と私が呼んでいるパターンを考えてみましょう。

「告発の先取り」とは、「被差別者」から差別であると告発される前に、あるいは告発されなくても、自ら「自分のしたことは差別である」と認めたり、「差別する側」に属する人同士で「それは差別だ」と指摘したりすることです。

このように書くと、それ自体にはなんの問題もなく、むしろ差別をなくそうとする意図を感じることさえできますが、状況によってはこれはまったく異なる意味を持ちます。

たとえば、男性が女性の容姿について言及した直後に「おっと、こういうことをいうとまたセクハラだっていわれてしまいますね」などと発言したとします。

この発言は、反省の言葉として受け止めることもできますが、「本当は悪いことをしたとは思っていない」と解釈することも可能です。そして、重要なことは、発言をした人はなんらかの方法（たとえば笑いながらいうとか）でどちらの意味であるかわかるように発言しているはずだということです。

もし、後者であったとすると、それを理解するためには「暗黙の前提」を動員する必要があります。自分で「セクハラだ」といいながら「自分は悪くない」ということも同時に表現していることを「理解可能」にするための前提を、聞き手は自ら読み取っていかねばならないわけです。その前提とは、たとえば「セクハラ告発は必ずしも正しいわけではなく、過剰な告発をしている（場合もある）」、あるいは「セクハラは受け止め方の問題であり、むしろ告発する方に問題がある」といったものが考えられるでしょう。そして、その暗黙の前提は省略されることによって、それを共有していることが「われわれ」の条件であるとして提示されているのです。

さまざまな差別問題において、告発が社会的に認知されるにしたがって、「告発者」としての「他者化」が行われるようになるというのは、かなり一般化できることだと思います。いうまでもなく、告発に対する正当な批判は保障されなくてはなりませんが、「批判」という形式をとった差別行為や、議論を有利に展開するために差別を利用する行為（利害関係主導型差別）を見抜き、それらに対応していくことは非常に重要だと思います。

注

（1）この場合（筆者である私が「われわれ」という言葉を発した場合）、「われわれ」が指し示す対象はなんでしょうか。実はこれには二通りの受け止め方があります。まずひとつは、私（筆者）がだれかと共同で研究を進めていて、その研究グループの統一見解を表明するときなどに用いる「われわれ」です。この場合は、読者である皆さんは「われわれ」には含まれません。もうひとつの捉え方は、「われわれ」が「読者」を含んでいる場合です。「われわれとは異質であるからです」と私が述べた場合、私にとっても異質だし、読者である皆さんにとっても異質なのだという意味になります。このような「われわれ」の用法は学術的な文章ではしばしば用いられ、"academic we"と呼ばれています。言語学では前者のように用いられる「われわれ」を"exclusive we"（除外的一人称複数）、後者の「われわれ」を"inclusive we"（包括的一人称複数）と呼んで区別しているそうです（別の語彙があてられている言語もあるとのこと）。本書で用いている「われわれ」という概念は、後者、つまり話し手と聞き手を含む「われわれ」です。

（2）本来はここで、「他者」と「われわれ」という関係が、関係の不当性としての「非対称性」を十分説明しているかどうかを検討することが必要ですが、これはかなりややこしい説明を必要とするため、注として言及するにとどめました。

これまで「非対称性」についてある程度の説明をなしえた研究として、江原由美子氏の「『差別の論理』とその批判」（江原、一九八五）を挙げることができると思います。江原氏の以下のような見解は、基本的に本書の主張と共通しています。

一般に、「差別」を単なる「現実的」不平等や「現実と異なる」偏見として論じることは「差別」の本質的非対称性を明らかにしない。単に他者に対して「不利益」を与えたり「偏見」を抱いたりすることは、それ自体としては相互行為において相互的に生じうることであり、それは「差別」現象の特殊性を明確にしない。「差別」とは本質的に非対称的である。差別者と被差別者は非対称的に構成されるのである。この非対称性が明示化されない限り「差別」は論じられない。（同書、八四頁）

そして、非対称性をもたらすものとして「排除」を想定する点もまた、本書と同じです（正確にいうと、本書が江原氏の研究の影響を受けているわけですが）。

しかしながら、江原氏による「排除」の説明は残念ながら必ずしも成功しているとはいえないと思います。まず江原氏の議論を追ってみましょう。

江原氏によると、女性が排除されるのは、「男性でない」ためです。この場合は「男性」が意味あるカテゴリーであり、女性はその補集合にすぎません。しかし、これが「差別の論理」によって逆転させられ、女性は「女性である」ために排除されるのだとして、あたかも女性の持つさまざまな属性が排除の理由であるかのように意識されてしまいます。そして、男性は「女性でない」存在（補集合）として意識の外に追いやられてしまうというわけです。

この説明は、女性の持つ属性（のみ）が差別の根拠とされてしまうことの不当性を、ある程度はいい当てているとは思いますが、残念ながら根本的な欠陥があると思います。それは「男性」という「集団」（社会的カテゴリーではない）があらかじめ存在しているという前提を必要とするためです。この点についての江原氏の説明は明確ではありませんが、「女性は男性の祭儀や戦闘・利潤追求などを目的とする組織集団から排除されているといいうる」（同書、九〇頁）という記述からも、男性的である、あるいは男性が支配する組織集団がまず存在するという地点からスタートしていると考えざるをえません。しかし、もしそうだとすると、「男性」という集団はそもそもどのようにして成立しているのかという疑問が生じてしまいます。

ある集団を「男性の集団」として組織するためには、あるいはそのように認識するためには、女性との対比や女性の排除が必要です。すなわち、あらかじめ「女性」が特定されていなくては「男性の集団」が成立しないのです。もうおわかりだと思いますが、これでは堂々めぐりになってしまうのです。まず「男性」が特定され、「男性ではない」者として女性が排除される、これが江原氏の前提ですが、しかし「男性」は「女性ではない」者としてしか特定されません。そのために、さらにその前提として、まず「女性」が特定されている必要があります。しかし、「女性」が特定されるためには…と永遠に続くわけです。

これは単なる言葉遊びではありません。もし、女性が排除されるのは女性が持つとされる属性のためではなく、「男性ではない」ためなのだという考え方を受け入れるとするなら、それはたとえば「女性性」ではなく「男性性」を問題にしなければならないのだという主張の根拠になるだろうと思います。確かにこれはこれで、一定の前進だと評価することはできるでしょうが、「男性性」を「男性」の属性だと評価する限りにおいて、「男性性」という概念それ自体の存在が「女性性」に依存してしまっています。そのため「女性性」にまったく言及することなく「男性性」を問題にすることは不可能なのです。

つまり、江原氏の議論は、一種の「相対化」にすぎないのです。そして、残念なことにその相対化によって、問題にしようとしていた「非対称性」は隠されてしまうのです。

江原氏による「『差別の論理』は差別者－被差別者を、被差別者の有徴性と差別者の無徴性として描き出す」（同書、九一頁）という認識は、まったく正しいと思います。これは「非対称性」を表現する方法のひとつでしょう。しかし、これは江原氏のいうような有徴／無徴の逆転によって生じたものではないと私は考えます。この非対称性は、「排除」という行為そのものに初めから存在しているものなのではないでしょうか。排除される側が「有徴」であるのは、排除される側、すなわち「客体」だからです。そして「排除する側」が「無徴」なのは、排除という行為の「主体」であり、「排除される側」を認識する「主体」だからです。この「主体／客体」という関係こそが、差別者と被差別者の非対称性をもたらしているのではないでしょうか。「主体」と「客体」はどこかで入れ替わったわけではなく、排除という行為そのものに存在している関係なのです。

このように書けば、「非対称性」というのはそれほど難しい話ではないはずだと思います。むしろ、とてもシンプルな認識でしょう。問題は、この「主体／客体」という関係がどうして忘れ去られてしまうのか、覆い隠されてしまうのか、という点にあります。

答えは、「女性／男性」という二分法的なカテゴリーの使用そのものにあります。エスノメソドロジーでは、任意の人数の人々すべてを余すことなくカテゴリー化できるカテゴリー集合を「Pn適合的」なカテゴリー化装置と呼びますが（Sacks, 1972）、性別カテゴリーはその代表的なものとされています。すなわち、すべての人は女性か男性かのいずれかに必ずカテゴリー化される（これはあくまでもカテゴリー化という意味においてです）ということです。

そのため、「女性」というカテゴリーをPn適合的である性別カテゴリーのひとつの集合と見なす限り、「男性」も含めたすべての人々を「客体」として認識する視点をもたらしてしまいます。そのため、「主体／客体」という関係性は覆い隠されてしまうのです。

あるいは、このような言い方もできます。江原氏が描いた「非対称性」は、有徴なカテゴリーと、その「補集合」としての無徴なカテゴリーという組み合わせによって構成されています。しかしPn適合的なカテゴリー化装置とは、補集合のない（残余のない）カテゴリー化装置です。そのため、江原氏が描いた「非対称性」を見出すことができなくなってしまいます。

性別カテゴリーは確かに具体的文脈から切り離して一般的に考えればPn適合的です（具体的文脈でもそのような使われ方をすることが多いのかもしれません）。しかし、排除という行為に関しては、Pn適合的ではない、すなわち「残余のある」カテゴリーとして使われているのです。そして、それこそが「非対称性」をもたらしているのです。

以上のことから、「非対称性」を表現するためには、Pn適合的ではないカテゴリーを用いる必要があること、そして、「主体／客体」という関係性を表現できるカテゴリーを用いる必要があることが理解できると思います。「主体／客体」という関係性を表現するためには、「主体」の側は一人称のカテゴリー（より正確にいえば一人称と二人称をともに含むカテゴリーである"inclusive we"）でなくてはなりません。それが「われわれ」なのです。そして、その「われわれ」は「残余カテゴリー」であり、それ自身としては定義できないものであるという了解も必要です。これまでの女性と男性の関係について表現するなら、排除においては「女性／男性」というカテゴリーセットが使われているのではなく、「女性／われわれ」というカテゴリーセットが使われるのです。そして、これを一般化したものが、「他者／われわれ」という組み合わせなのです。

（3）だからこそ、いじめにおいて「○○さんはきもちわるい」といった子どもの表現を、その子自身の感覚であると字義どおりに解釈することは危険です。この表現は、「○○さん」は「きもちわるい」という記号として集団内に流通していて、それを承認する（他者化する）ことが「仲間である証」となってしまっているのだということかもしれません。「きもちわるい」という記号としての「○○さん」とリアルな実在としての「○○さん」を区別することは非常に困難だからです。

（4）これから先、「いじめ」を事例としてしばしば取り上げますが、いじめは一般に差別であると考えていいのかという点について、ここで考えを明らかにしておきたいと思います。差別論の視点から考えると、おそらくほとんどのいじめが差別に該当すると考えられます。それはいじめが集団的な行為である限り、これから述べるような特徴がすべて当てはまるからです。ただし、きわめて少数（極端な場合は一人）の加害者によって、完全に閉鎖的な状況のなかで行われるいじめは、差別としての特徴が希薄かもしれません。

（5）ただし、表向きは「上への排除」であっても、「われわれ」にとっては「負の価値」を持っているという可能性も考えておく必要があります。たとえば「優等生」がいじめの対象となる場合など、「優等生」であることはいじめる側にとってなんらかの「負の価値」を帯びている可能性があります。

たとえば最初の「まったく女ってのは何を考えているのかさっぱりわからないね」という発言事例は利害関係

主導型であると説明しましたが、状況によっては同化主導型である可能性も考えられます。

（6）もちろん、これはあくまでもいじめる側にとっての意味です。いじめの被害者にとっては、それは集団的ないじめ以外の何ものでもありません。

（7）触ると「バイキン」がうつるなどと考えるのは、なんの根拠もない、くだらないことです。にもかかわらず、「バイキン遊び」はある種の強制力を伴って新たな参加者を巻き込んでいきます。「結婚差別」も、たとえば「血がけがれる」などというわけのわからない理屈に大人が引っ張りまわされているのは、ある意味で「バイキン遊び」と同じくらい滑稽なことなのであり、それでもその「ゲーム」から降りられないという仕組みもまた「バイキン遊び」と共通する部分があります。

（8）ここで述べた「儀礼的排除」と、先に説明した「象徴的排除」は、言葉も似ているし、混同しやすいと思いますので、簡単に説明しておきます。「象徴的排除」は、同化主導型差別行為のひとつの下位類型として提示したもので、「他者化」「見下し」が被差別者に対する具体的な行為として現れない「差別の類型のひとつ」です。一方、「儀礼的排除」は、差別の連鎖のひとつのパターンとして提示したものですから、基本的にこの二つは異なる概念です。しかし、「儀礼的排除」は「象徴的排除」においてのみ見出される連鎖のパターンであり、その意味では関連が大きいといえるでしょう（逆に「象徴的排除」は必ずしも「儀礼的排除」を伴うとは限りません）。

（9）これは、victim blaming（犠牲者非難）のメカニズムのひとつだと考えられます。

（10）もうひとつの限界として、「他者化に着目する方法」は、被差別者に対する具体的行為が存在しない「象徴的排除」の場合も効果が期待しにくいという問題もあります。

（11）「差別される者の痛みは差別する者にはわからない」といったことがいわれることがあります。これを一般的な他者理解の問題としてではなく、差別に起因する「認識のズレ」を表現したものだと考えれば、ある意味で正しい指摘だと思いますが、「わからない」ことを認めてしまえば、被差別者を含む「われわれ」を作ることはできません。なんらかの意味で「わかる」ことは必要なのです。

(12)「被差別者」も含む「われわれ」を構築する方法はほかにも考えられます。特定の組織や集団のメンバーであるという基準を参照して「われわれ」を構築する場合です。たとえば「同じクラスの仲間ではないか」「同じチームの一員じゃないか」「同じ日本人じゃないか」といった言い方です。これらは、場合によっては非常に強力に作用する場合もありますが、特に最後の例（同じ日本人）を見ればすぐにわかるように、新たな排除を生み出す可能性が否定できない場合もあることには注意が必要です。

(13)この発言の「従わせようとしている」という部分が、「同化メッセージ」を指摘しています。

(14)共犯者が差別行為が行われる場面のなかに登場しないケースでは、同化メッセージはどのように読み取り可能なのかを考えてみましょう。

たとえば、男女が言い争いをしているときに、男の方が「女のくせにえらそうなことをいうな！」といったとしましょう。この場合「共犯者」はだれなのでしょうか。

この発言が男性のまったく個人的な見解にすぎなければ、この発言は大きな力を持ちえないでしょう。もしそれ以上の強い効果をこの発言が持つとしたら、それは「女のくせに」という「他者化」が「共犯」のメッセージとして機能し、「共犯者」（女ではない者＝男）を引き入れることが想定されるからです。つまりこの発言は、一人では負けそうなものだから「援軍」を呼ぼうとしている、あるいは援軍の存在を「ちらつかせる」発言なのだということができます。

(15)もしBが「アレ」についてよくわからないまま適当に話を合わせ、それをまたほかの人に話したとするなら、「アレ」についての知識は共有されているはずなのに実は具体的なことはだれも（多くの人が）知らないという奇妙な事態が生じる可能性があります。このようなことは実際の差別問題でも起こっていることだと思います。また、Aが思い描いている「アレ」とBが想定する「アレ」が食い違ってしまうこともありえます。極端にいうと、Aは「部落民」として、Bは「朝鮮人」として使っているということもありうるのです。そして、AとBにとっては、その食い違いはたいして問題ではないのかもしれません。

(16)「三国人発言」は第6章で扱います。

（17）だからこそ、ある特定の語彙を「差別語」であると決めつけてしまうといった、機械的な対応策がとられてしまうのでしょう。この対応策にまったく意味がないわけではありませんが、たとえば先に例に出した「アレ」という言葉までも「差別語」と決めつけるわけにはいきません。語彙の特定という方法ではまったく対応できないのです。

〈補論〉

1 スケープゴーティング論について

「排除」という現象については、これまでさまざまな説明が試みられています。とりわけ、「スケープゴーティング」という概念を中心とする排除理論[1]は一定の支持を得ており、影響力もあると考えられるので、ここではそれらの理論と本書での立場との異同について解説しておきましょう。

具体的な排除理論の例として、ここでは赤坂憲雄著『新編排除の現象学』のなかのいじめを扱った第一章（「学校／差異なき分身たちの宴」）を取り上げようと思います。これは、スケープゴーティングの理論と（差別問題として捉えうる）「いじめ」の現実が結びつけられ、それなりに説得力のある議論を展開していると考えるためです。

赤坂氏によれば排除の前提には「差異の消滅」という状況があります。「いじめ」に即していえば、子どもたちは（異質なものの排除によって）均質化され、「模倣欲望に囚われている」状態にあります。そこでは微細な差異に基づく「相互暴力（いじめのさやあて）」が繰り広げられ、秩序が崩壊の危機に瀕しているというわけです。

このような「相互暴力」という秩序の危機を解決するのが、「全員一致の暴力としての供犠」、すなわちスケープゴーティングです。

> 差異の消滅。この秩序の危機にさいして、ひとつの秘め隠されていたメカニズムが作動しはじめる。全員一致の暴力としての供犠。分身と化した似たりよったりの成員のなかから、ほとんどとるに足らぬ徴候《しるし》にもとづき、ひとりの生け贄（スケープ・ゴート）が択びだされる。分身相互のあいだに飛びかかっていた悪意と暴力は、一瞬にして、その不幸なる生け贄にむけて収斂されてゆく。こうして全員一致の意思にささえられて、供犠が成立する。供犠を契機として、集団はあらたな差異の体系の再編へと向かい、危機はたくみに回避されるのである。（赤坂、一九九一、四九頁）

均質化ないしは均質であらねばならないという圧力が排除の背景にあるという主張は理解できるし、「全員一致の暴力としての供犠」によって「相互暴力」が「解決」されるというのも説得力があると思います。それでは、「ひとりの生け贄」はどのようにして選ばれ、どのようにして「全員一致の暴力」が成立するのでしょうか。

この問題に対する赤坂氏の（そして氏が依拠する理論の）答えは大変そっけないものです。「ひとつの秘め隠されたメカニズムが作動しはじめる」「ひとりの生け贄が択びだされる」。あたかも自動的に排除という「現象」が起こるかのような記述。集団が集団としての意思を持って生け贄を選んでいるかのような記述。これでは「排除」は必然であるとしか考えられず、解決の糸口をつかめないのではないでしょうか。

このような記述になってしまう理由は、排除を「現象」として外から客観的に見ようとしているからではないかと私は考えています。排除が集合的な現象であることは、確かにそのとおりです。しかし、「全員一致の暴力」というときの「全員」というのは、初めから存在しているものではありません。「一人を除いた全員」を構成していくための子ども同士のやり取りは必ず存在しているはずです。だれを「生け贄」にするのかを決めていくコミュニケーションは、具体的な言葉やシンボルによって必ず行われているはずです。それは舞台裏に隠されていて見えにくいものなのかもしれませんが、必ず存在しているはずです。赤坂氏の議論にはそういった「舞台裏」を見るための視点が欠けているように思います。

赤坂氏の考え方と本書の考え方との違いは、モデルを図式化したものを比較するとより鮮明に理解できると思います。次ページの図2は赤坂氏がいじめの場の生成・更新のプロセスを説明するために

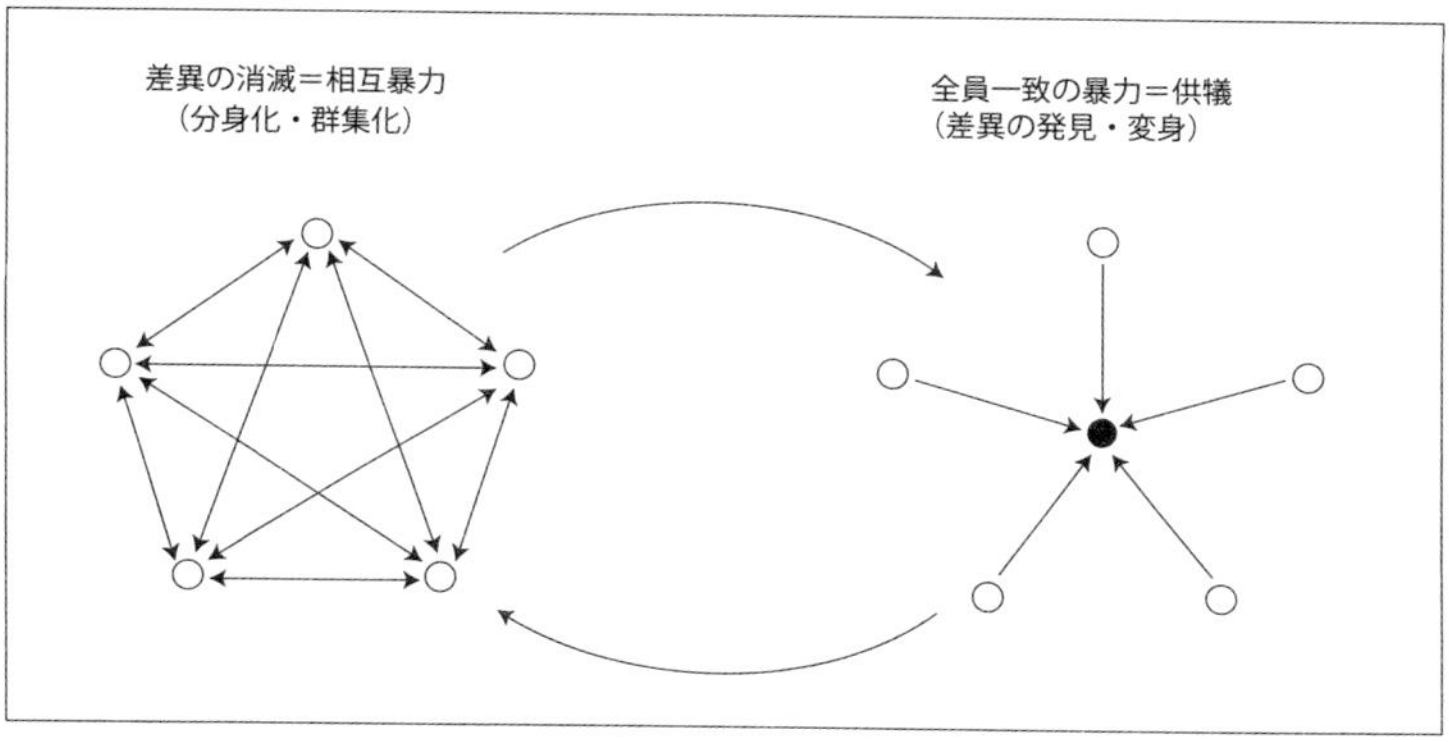

赤坂、1991、51 頁から引用・作成。

図２　いじめの場の生成・更新のプロセス

描いたものですが、これを本書七三ページの図1と比較してみましょう。

図2の右半分と図1を比べると、その違いは歴然としています。まず赤坂氏は「排除する側」（白い丸印）を多数描き、それらを基本的に同じものとして位置づけていますが、私の図では「排除する側」は集団的行為として最低限の二者であり、しかも「差別者」と「共犯者」を異なる立場として位置づけています。そして、最も重要な違いは、私が「差別者」と「共犯者」の間に引いた矢印（「同化」）が赤坂氏の図には存在しないということです。

この違いは、赤坂氏の図が「状態」を表したものであるのに対して、私の図は「行為」を表したものであり、排除という集団的行為が成立する仕組みを説明するためのモデルであるという違いによるものです。赤坂氏の図も図全体としては「プロセス」を説明するものだということになっていますが、それは単に二つの「状態」が交互に立ち現れることを示したものにすぎず、「差異の消滅」という状態からどのようにして「全員一致の暴力」という状態に推移するのかは説明されていません。

「全員一致の暴力」というのは、確かに強い拘束力を伴う構造を持った「状態」なのかもしれません。そして、表面に現れているのは「生け贄」に対する暴力だけなのかもしれません。しかし、その「構造」は、いじめる側の子ども同士の絶え間のないコミュニケーションによって維持・再生産されているはずなのです。私の図で「差別者」から「共犯者」の間に引かれた「ヨコの矢印」は、そのコミュニケーションにこそ注目しなければならないのだという主張なのです。

赤坂氏にも本当はこういったことは「見えている」はずです。にもかかわらず、それをあえて「見ないようにしている」と、私には思えます。赤坂氏が自分自身の子どもの頃の記憶として紹介している印象的な事例はまさにその契機を含んでいるはずなのです。

熾烈な班競争が繰り広げられているなかで、班の「お荷物」だと思われたA子に対して、「絶対的な独裁者であった」班長のB子を中心として行われたいじめ。そして、それに加担してしまったとして非難される子どもの頃の赤坂氏。

あなたもやったのか？　はい、でも……　わたしが呑み込んでしまったそれに続く言葉は、なんだったのだろうか。でも、力は入れませんでした、そう言ったのは隣の少年であったかもしれないし、わたし自身であったかもしれない。たしかに、その少年もわたしも少女の頬か二の腕に指先を触れるか触れないかという程度の、形ばかりの暴力しかふるわなかった。たぶん、それもそのとき一回限りのことだ。とはいえ、B子たちが恒常的にA子に加えていたにちがいない（……みごとに記憶から欠落している）いじめを眼にしながら、わたしを含めた三人の少年がなすすべもなく、ただ見守っていたこともまた事実だった。わたしたちはB子の眼の届かぬ場所では、十分にA子に優しかったはずだ。それなりに正義感に燃える少年たちでもあった。けれども、わたしたちはB子という独裁者が象徴的に体現している場の力に抗うことはできなかったし、それどころか時には消極的な参加を強いられていたのだろう。（赤坂、一九九一、五四頁）

子どもの頃の赤坂氏が「呑み込んでしまった言葉」、それが赤坂氏の図に欠落していた「ヨコの矢印」なのだと私は思います。子どもであった赤坂氏にはいじめの中心は見えていました。そして、「B子の眼」を気にしていたこと、「抗えない力」を感じていたこと、はっきりといってしまえば、「B子（たち）によっていじめに加担することを強制されていた」という側面があるということでしょう。しかし、その「強制力」ははっきりと見えるものではなく、言葉としていい表すことも困難なものであり、しかも、それを口にすることは「見苦しい言い訳」と受け取られかねず、何より自分も共犯者であったという自責の念があり、「抗弁の言葉などありはしない」と呑み込んでしまったのではないでしょうか。

しかし、いじめをなくそうとするなら、あるいはすでに起こっているいじめ問題を解決していこうとするなら、赤坂氏が呑み込んでしまった言葉こそが聞かれねばならないのではないでしょうか。いじめに加担することを強制する力とは何か。それは「場自体の孕む強制力」といった抽象的なものではなく、具体的な相互行為によって達成されているはずなのです。

2 「われわれ」カテゴリーについて

「われわれ」というのは、本書の最も重要なキーワードです。しかし、それは非常に厄介な概念であり、私自身も現時点では十分に理解できている自信はありません。

まず、「われわれ」という概念についてありうるだろうと思う誤解をひとつ取り上げて説明しておこうと思います。

「われわれ」という概念は、「内集団」や「所属（帰属）集団」といった概念とはまったく違うものです。「われわれ」は聞き手を含む「われわれ」（inclusive we）であり、それは相互行為、コミュニケーションのなかにのみ現れるものです。そのため、具体的な文脈から切り離して考えることはできないのです。

おそらく、私が「われわれ」という概念を用いて説明しようとしたことにいちばん近いのは「エスノメソドロジー」と呼ばれる社会学のなかの理論的立場です。これは、エスノメソドロジーが具体的な相互行為を「メンバーのメソッド」によって説明しようとしているためです。そこで、エスノメソドロジーの立場から差別問題に関係するテーマを扱った研究をいくつか参照しながら、「われわれ」という概念の理論的な位置づけを考察してみようと思います。

まず最初に取り上げるのは、山崎敬一氏の『美貌の陥穽――セクシュアリティーのエスノメソドロジー』です。この本の第二部において、山崎氏は実際の会話データを用いて性別カテゴリーの用いられ方を非常に細かく分析しています。

分析に用いている会話データは男子学生二人、女子学生二人の会話の断片を抜き出したもので、「ある女性団体が問題を提起した広告についての資料を読んだ後で、参加者が互いに討論するという設定の中で行われたもの」です。山崎氏がこのデータを用いて説明しようとしたことはいくつかあるのですが、ここではそのなかの「カテゴリーの一般化の問題」を取り上げます。

会話データでは「抗議をしている人」とその主張が主に取り上げられて話が展開していくのですが、山崎氏が注目するのは、その流れのなかで男子学生の一人によってなされた「そういうの抗議だしている人がまたぜったいにそういう抗議している人の中にきれいな人とかはまずいないっていうのはそれも事実みたいだからねやっぱりねえ(2)」という発言です。

山崎氏はこの発言を「カテゴリーの一般化」として捉えます。それは「抗議している人」という社会的カテゴリー（に属している人）は「きれいな人はいない」という属性を一般的に持っているという言明であるからなのですが、これを「偏見の表明」といったような「文脈超越的」な観点から捉えているのではありません。それまでの会話のやり取りのなかで、右のような発言が受け入れられる状況がどのように作られてきたのかを問題にしているのです。これを「カテゴリーの一般化の場面的達成」と呼んでいます。

カテゴリーの一般化が達成されるための障害になりうるのは、「抗議している人たち」と会話に参加している女子学生が「女性」というカテゴリーによって同一化される可能性があるということです。そのため、「抗議している人たちにきれいな人はいない」という発言が女子学生への個人的侮辱と受け取られかねないというわけです。

この問題を解決するのが、先に引用した発言の直前に発せられた、「自信のある人はきれいな人っていうかそういうのあんまり何もそういうの抗議だしている人がまたぜったい感じないだろうし」という（別の男子学生の）発言です。このとき、発言者は「きれいな人」という言葉を発する瞬間に視線を女子学生の方に向けていることがビデオデータから確認されています。

この発言（行為）の意味を山崎氏は以下のように解説しています。

すなわちその発言は、「あなたはきれいな人だから、彼女たちと違ってそういうのなにも感じないだろうし、あなたはきれいな人だから、彼女たちと違ってきれいな人ではないということはない」という意味を担っているのである。われわれはこうした場面参与者の実践を「参与者を除外する実践」と呼ぼう。（山崎、一九九四、一三五頁）

「参与者を除外する実践」は、カテゴリーの一般化を達成する（少なくともひとつの）方法であると山崎氏は述べています。それは、「あなたは違うけど、女は（一般に）○○である」といったように聞き手を「例外」として扱うことによって「一般化」の反証を封じることができるからです。

確かに差別問題に関する言説では、このような表現はしばしば見られます。これは、明らかに「一般化」を反証する事例があるにもかかわらず、それでもなお「一般化」が維持されるのはなぜか、という問題へのひとつの答えとなりうるかもしれません[3]。

しかし、これを「参与者を除外する実践」と呼ぶことには大きな問題があります。それは「参与者」という概念が研究者による概念であり、それを不用意に持ち込んでいるためです[4]。

この「参与者」という言葉にはとりたてて明確な定義があるわけではなく、ただ単に「その場にいる人」といったような意味合いで用いられています。そしてそのうえで、「他の場面参与者への個人的非難や侮辱の可能性を含むという問題」が発生し、その解決として「参与者を除外する実践」が行われたのだと山崎氏は考えています。しかし、差別問題や「いじめ」などの場面を思い浮かべるとわかるように、その場にいる人すべてに対して個人的非難や侮辱などの可能性を排除しようという配慮がつねに行われるとは限りません。そこにいるのに存在しないかのように扱われたり、面と向かって侮辱的な言葉が投げかけられたりする場合ももちろんあります。「個人的非難や侮辱などの可能性を排除する」というルールが適用される範囲は限定されており、それもまた相互行為を通じて「場面的に達成される」のです。

すなわち、「参与者を除外する実践」という言い方は、「配慮すべき範囲」があらかじめ確定している（そしてそれは研究者が定めたものです）かのような誤解を与え、その場にいる人々の相互行為によって「配慮すべき範囲」が定められていくダイナミズムを見落としてしまうことになってしまうのです。

この事例の場合は、その場にいる人々すべてがほぼ同じスタンスで会話に参加している（ように見える）ため、「参与者」という言葉によって説明してもそれほど大きな問題は生じませんが、別のデータの分析では、より深刻な問題が発生しています。それが次に取り上げる分析です。

同じく山崎敬一氏による『社会理論としてのエスノメソドロジー』の第七章（「性別カテゴリーのエスノメソドロジー」）では、やはり性別カテゴリーをめぐる会話データが分析されています。

M4「あ、そうか　あ　そりゃそっか埼京線ね　やはり混みますからね　でも実際に本当のチカンっていうのはあまりいませんよ」
F4「うーん」
F5「いるよ」
F4「いるよ」
M4「そりゃ美人だから」
F5「ちが（う）」
M4「あ　やっぱそういうからいけない　そういうからいけないいんだな　セクシュアル（ハラスメント）だな」
F4「でも美人だと言われたらやっぱりうれしいからあまりセクハラだと私は感じない」
M4「え、え、でもやっぱりそうするとあの、くらべられる人がどうたらこうたらっていうめんどうくさいおばちゃんがいるから」
F4「そうですね　でも美しい人は美しいいんだし」
F5「あ」
M4「そうですよね」

（山崎、二〇〇四、一五九頁の表から文章のみを抜き出して作成）

M4、F4、F5は発言者を識別する記号で、M4は男性、F4、F5は女性です。山崎氏が提示しているデータは発言の重なりや連接、そして視線もわかるようになっていますが、会話分析独特の記法に慣れていないと多少見にくいと思うので、ここでは発言内容のみを抜き出しました。丸カッコでくくった部分は発言が明瞭に聞き取れない箇所です。

山崎氏はこの一連の会話に、「性別カテゴリーによって自分たちもカテゴリー化されることから生み出される、潜在的な非難や対立や葛藤」を、「場面への参与者たち」が「共同で解消する試みを見ることができる」と主張しています。

まず山崎氏の解釈を追ってみましょう。

M4が「チカンっていうのはあまりいませんよ」と発言し、それに対してF5は「いるよ」と即答しています。これが「対立」です。これに続くM4の「そりゃ美人だから」という発言は先に見た会話データと同じ「参与者を除外する実践」（ここでは「除外化の実践」と呼んでいます）です。しかし、このデータではF5は明確に「ちがう」と否定しています。

さらに、この「ちがう」という発言が、「性別に関連した対立関係を引き起こす可能性を察した」M4は「セクシュアル（ハラスメント）だな」と「言い訳」をし、続いてF4は「セクハラだと私は感じない」という発言でF5とM4の対立を「調停」しようとしているのだと山崎氏は解釈しています。

私が疑問を感じるのは、この「言い訳」「調停」という捉え方です。

まずM4の「セクシュアル（ハラスメント）だな」という発言ですが、この発言自体は「自分の発言がセクシュアルハラスメントに該当する（可能性がある）」ということを示しただけですので、形式的には「言い訳」ではありません。この発言を「言い訳」（というより「謝罪」でしょう）だと読み取るためには、「セクシュアルハラスメントは悪いことである」という前提が共有されている必要があります。もちろんセクシュアルハラスメントは一般的に「悪いこと」だとされていますから、そう意味においてはその前提はある程度共有されていると考えることができます。しかし一方、「セクシュアルハラスメント」の告発についてのある種のイメージを前提にすると、この発言の意味はまったく違うものになってしまいます。「ある種のイメージ」とは、M4があとで発言しているように「くらべれる人がどうたらこうたらっていうめんどうくさいおばちゃんがいるから」といった、告発を過剰なもの、不当なもの、あるいは被害妄想のようなものとして捉えるイメージです。その場合には、「セクシュアル（ハラスメント）だな」という発言は言い訳でも謝罪でもなく、むしろ相手の発言を「セクシュアルハラスメント告発」だと位置づけて、それを攻撃しようという「合図」となります。[5]

それでは実際にM4はどういう意図で「セクシュアル（ハラスメント）だな」といったのでしょうか。データからはそれは確定できませんし、そもそも「真の意図」を詮索することにはあまり意味はありませんが、M4がのちに「めんどうくさいおばちゃん」などと発言していることから考えると、後者の意図をなんらかの非言語的な方法で表現しているか、F4やF5がそのような意図を読み込む（事前の）知識があった可能性を否定できないと思います。

このように考えると、それに続くＦ４の「セクハラだとは私は感じない」という発言も、違った意味を持つものとして捉えることができます。「セクハラだとは私は感じない」という意味においてＭ４を「セクハラ告発」から守り、「私は感じない」と自分自身を「告発する側」から距離を置くことによって、「セクハラ告発への攻撃」から身を守る発言だったのではないでしょうか。

この解釈もそれを直接示す証拠はないのですが、「めんどうくさいおばちゃんがいるから」というＭ４の発言に対して、Ｆ４が「そうですね」とごく自然に受けていることから、それがＦ４にとって、少なくともまったく予想外の発言ではなかったと考えられます。

それではこの一連の発言において、Ｆ５の立場はどうなっているのでしょうか。まず、Ｍ４の「セクシュアル（ハラスメント）だな」というのは、Ｆ５の「ちがう」という発言を「セクハラ告発」だと位置づけるもの、もしくは少なくともその可能性がある発言です。そして、それに続くＦ４の「セクハラだとは私は感じない」という発言は、セクハラでないという意見を述べることによって間接的にＦ５の「ちがう」という発言を否定する可能性を持ってしまっています。さらに次のＭ４の発言も、Ｆ５の「ちがう」という発言と「めんどうくさいおばちゃん」の「くらべられる人がどうたらこうたら」という意見を重ね合わせる可能性を持っています。すなわち、Ｆ４とＦ５の「潜在的対立」が作り出されているのです。

これらはすべて「可能性」にすぎません。そして、その「可能性」はF5の「ちがう」という発言の解釈にかかわっています。もしF5が「セクハラ告発」と解釈可能な意味合いで「ちがう」と発言したのであれば、「可能性」は事実となるでしょう。しかし、実際にはF5の意図は明確にはなっていません。むしろ、「あえて明確にしない」ことによって、「可能性」のままにしておくことによって、一種の「牽制」としての効果が生み出されているのではないでしょうか。M4がセクハラ告発をする人を「めんどうくさいおばちゃん」と十分悪意が感じ取られる表現で語り、F4もそれに歩調を合わせている状況で、F5が「ちがう」というのは「セクハラ告発」の意味だったのだと改めて主張することは困難でしょう。

以上のような考察から、M4の「めんどうくさいおばちゃん」という発言は、「対立を回避し解消するためのメカニズム」といった単純なものではないことがわかります。形式的には確かに「同じ場面にいない第三者」を「共同の非難の対象にする」ものですが、その第三者とその場にいる人（F5）が（単に女性だという理由ではなく）重ね合わされる可能性を含んだうえでの「共同の非難」です。すなわち、「対立」は解消されているのではなく、むしろ作り出されており、その「対立」によってほかの人たちを「こちら側」へと引き寄せているのだと考えられます。

エスノメソドロジーは、「カテゴリー化」を具体的な相互行為のなかで達成されるものとして見る視点をもたらしました。そして山崎氏は性別カテゴリーの使用はそのカテゴリーを使用した人やその場にいる人もカテゴリー化するという、重要な指摘をしています。

本書のキーワードである「われわれ」はその延長線上にあります。すなわち、相互行為のなかで達成される自分たち自身のカテゴリー化が「われわれ」という概念なのです。

「われわれ」カテゴリーは、ほかのすべてのカテゴリーとは異なる特殊な性質を持っています。現時点ではまだ十分に整理はできていませんが、おそらく最も重要だと思われる点をひとつだけ指摘して説明しておきたいと思います。それは、「われわれ」が「認識の前提」であるということです。

先に「あいつってアレなんだぜ」という例文を使いましたが、程度の差はあれこのようなことはつねに起こっていることです。重要なことは、「前提となる知識を共有しているから理解できる」（そのような側面ももちろんあるのですが）のではなく、「知識は共有されているはず」という「前提」が、理解できるはず、理解しなければならないという「態度」を作り出しているということです。

また、「知識は共有されているはず」という前提は、無条件に存在するのではなく、「私とあなたは同じ○○であるから」という暗黙の了解があるためですし、逆に「知識は共有されているはず」という前提を、自明の前提として語ることにより、「同じ○○」であることを受け入れさせているという側面もあるわけです。もうおわかりだと思いますが、ここでいう「私とあなたは同じ○○」というのが「われわれ」です。

「われわれ」が「認識の前提」であるということは、「われわれ」それ自体を認識することに独特の、そして非常に大きな困難性をもたらしてしまいます。

まず第一に、「われわれ」は（通常）直接には語られないカテゴリーであるということです。そして「われわれ」を語っている当人にさえはっきりと意識されず、その範囲や性質さえ明確ではないということです。「あいつってアレなんだぜ」と語るとき、聞き手が「アレ」の意味を知っていることを前提として語っているのは明らかですが、なぜ「知っているはず」なのか、「どのような範囲の人なら、どういった資格があれば知っているのか」は必ずしも明確ではありません。「仲間」とか「身内」などといった言葉で理解するしかできず、それはまさに「われわれ」でしかないのです。すなわち「われわれ」の範囲やその性質などを確定することが（しばしば）不可能であるということです。

第二に、「われわれ」を語るメッセージは「われわれ」にしか意味を持たない、すなわち客観的には認識できないものであるということです。[6]

「あいつってアレなんだぜ」「ああ、やっぱりアレだったのか」という会話を第三者の視点から見た場合、この二人（彼ら）には「アレ」についての共通理解があったと見えるかもしれないし、その後の会話から「実は共通理解はなかったのに、適当に話を合わせていただけだ」ということが理解可能になるかもしれません。いずれにせよ、第三者から見た場合には「共通理解があった／なかった」というのは、「（客観的）事実」です。すなわち、第三者から（客観的な視点から）見えるのは「われわれ」ではなく、「彼（彼女）ら」であり、それは観察者から切り離されて「既定の事実として」そこにある存在です。

それでは、どのようにすれば「われわれ」を「見る」ことができるのでしょうか。ここではそのためのひとつの「仕掛け」を紹介してみましょう。

本章の最初に紹介した、「まったく女ってのは……」という事例を紹介するにあたって、私はあえてCの返答を書きませんでした。説明では「そうですね」と答える可能性を示唆していますが、それはあくまでも「可能性」です。そしてそのことによって、「もしあなた（読者）がCの立場だったらどうしますか?」といったことを考えてもらおうとしているのです。本書で扱う「事例」のほとんどが「仮想例」であることも同じ理由からです。そこになんらかの（そこにいる人々がどう考えたのかについて）「客観的事実」があるのだという認識は「われわれ」を見出すうえでじゃまになります。そうではなく、「さまざまな受け止め方がある開かれたメッセージ」として認識してもらうことが必要なのです。会話データを分析する際にも、そこになんらかの「客観的事実」があるという想定は回避すべきです。すなわち、ひとつの会話データ（の個々の発言の意味）についていく通りかの解釈が考えられるとき、そのうちのいずれかが（当事者にとっての）「正しい」解釈なのだと考えるべきではありません。むしろ、「もし私だったらこのように受け止める」といった考え方をする方が、「われわれ」を見出すうえでは有利なのです。

最初に書いたように、「われわれ」についての理論的な解明はまだまったく不十分な状況だと思います。しかし、これまで書いてきたことから、「われわれ」という概念が単に差別論独自の問題だけでなく、さまざまな領域において利用できる可能性（の一端）を示唆できたのではないかと思います。

注

（1）主としてルネ・ジラール氏によるスケープ・ゴートの理論（Girard, 1972など）や、それに依拠した今村仁司氏の「第三項排除」の理論（今村、一九八九）などを想定しています。これから参照する論文はそれらの理論をいじめに適用したものです。

（2）エスノメソドロジーにおける会話データは、会話場面を録音、または録画した記録から、発話内容を極力ありのままに記述したものですので、このように多少わかりにくい表現になってしまいます。本書にとっては、発話をありのままに記述することにあまり意味はありませんが、引用ですのでそのまま記載します。

（3）ただし、私は「被差別者のカテゴリー化」というものが差別にとって必然的なものかどうかについては疑問を持っています。この点については第3章で説明します。

（4）その場にいる学生たちにとって「参与者」は与えられた条件にすぎず、それがただちになんらかの意味を持つわけではありません。もし私が選ばれた学生の一人だったとしたら、まずほかの参加者を見渡し、「このメンツで何をどう話せばいいのか」と考えるでしょう。そして、実際のやり取りのなかで、「このメンツ」の意味は確定していくはずです。そのようにして相互行為のなかで意味づけられたものこそが「メンバー」にとってのカテゴリー」であり、「参与者」というのは、研究者にとってのカテゴリーにすぎないのです。そのような意味において、「参与者を除外する実践」という言葉は「メンバーのメソッドを通じて分析する」というエスノメソドロジーの方法論を逸脱したものだと私は思います。

（5）これは本章で説明した「告発の先取り」です。

（6）そもそも「客観的認識」ということがある種の「われわれ」によって達成されるものです。すなわち、認識対象と自分自身を「切り離す」操作を行い、そのような操作のもとに対象を認識できる（＝「理性」を持った）存在である「われわれ」を構成することによって「客観的認識」が成立していると考えることができます。

第3章 偏見理論批判

1 偏見理論とは何か

本書ではここまで独自の定義をベースにして差別（行為）について考察してきました。そして、前章の内容も、差別問題についての考察としては、あまり一般的ではない視点から進めてきました。そこで、この章では、差別問題に関しての既存の理論と本書の立場との関係を整理したいと思います。差別問題を説明する理論にはさまざまなものがありますが、「差別行為」を直接説明するものとしては、やはり偏見理論が最も有力なものだといえるでしょう。

偏見理論とは、主として社会心理学の分野で発展してきた、（社会的）態度としての「偏見」概念を中心とする理論ですが、本書ではそのような厳密な意味での偏見理論の研究内容を細かく検討するのではなく、それがよって立つ基本的な考え方を、本書の立場と比較しながら検討していきたいと思います。

偏見理論の第一の特徴は、差別行為の（主要な）原因になんらかの心理的な要素があると考える点です。偏見理論においては、偏見は「（社会的）態度」であり、これはすなわち「行動の準備状態」であるということです。[1]

心理的な要因を重視する考え方としては、ほかにも「心理的差別」という言葉が用いられたり、[2]「差別意識」という言葉が用いられる場合でも個人の心理的要因を想定している場合があります。[3]

このような考え方は、差別問題の一般的な理解としても普及しているように思います。「差別は心の問題」といった考え方も一種の偏見理論だということができるでしょう。

第二に、偏見理論は「カテゴリー化」や「ステレオタイプ」といった概念による偏見の「認知的成分（側面）」の説明を重視しています。そして、その「認知」とは、差別する側（マジョリティ）のメンバーによる差別される側（マイノリティ）についての認知です。

このような捉え方もまた、偏見理論にとどまらず、広く普及している考え方ではないかと思います。「差別される側」の人々の現実、リアリティ、気持ちなどを知ろうともせず、ある社会的カテゴリーに属するという側面のみを捉えることが差別（行為）につながるという考え方。あるいは、「差別される側」についての誤った認識や偏った認識が忌避や攻撃の原因となるといった考え方も同様です。

第三に、偏見理論は（実体のある）集団間の関係という文脈のなかに偏見や差別を位置づけているという点です。これは、偏見理論が人種差別を説明する理論として発展してきたという経緯によるところが大きいでしょう。偏見を解消（低減）する方法についての理論として「接触仮説」（集団的接触が集団間の緊張と敵意を低減させるという仮説）が重視されているのも、偏見が集団間の関係に位置づけられているからです。

このような考え方は、偏見という心理的な要因と社会構造とを結びつける橋渡しになっています。すなわち、人種・民族集団間の利害関係や権力関係が互いの敵意をもたらすという考え方です。さらに性差別など厳密な意味では集団とは見なせない場合においても、利害の共通性を根拠にして社会構造と偏見を結びつけることができます。

これらの特徴のそれぞれに対して、本書の立場は部分的あるいは全面的に対立しています。次節からは、それぞれについて、本書の立場との違いを明らかにしていきたいと思います。

2 差別は心の問題か

差別行為と心理的な要素がなんらかのかかわりを持っていることは、差別行為に関して個人差があることからも明らかでしょう。特に非常に突出した差別行為、たとえば身体的暴力を伴うものやむき出しの悪意を表現するような行為は、多くの人の目に「異常」な行動だと映るため、個人差とそれを構成する心理的要因が注目される根拠となります。

しかし、注意深く考えなければ、このような捉え方にはいくつかの落とし穴があります。

まず、偏見理論においては差別行為と偏見とを明確に区別せず、偏見が行動となって現れたものが差別であるとしたり、そもそも偏見という概念のなかに差別的行動を含めている場合もあります。(4) しかし、このように差別行為と偏見を同一視するような考え方は、差別問題をめぐる議論に混乱をもたらすことになってしまいます。

たとえば、差別行為と偏見を同一視する考え方に基づくと、差別を受けたと感じた人がそれを告発したときに、その告発は「あなたは偏見を持っている」という意味を持つことになってしまいます。これは、告発する側が偏見を問題視している場合も、告発する側にそのような意図がない場合も、告発される側が偏見を持っていることを告発されていると受け止めてしまう場合もあるでしょう。

このような「偏見の告発」は具体的な差別問題についての取り組みを混乱させ、解決を困難にしてしまう可能性があります。

第一に、告発が意図しているかもしれない不利益や不平等の改善という論点が「偏見の告発」によってあいまいになってしまいます。たとえば「私は不平等な扱いを受けている」という告発が、「あなたは偏見を持っているので私を不当に扱っている」という告発だと受け止められることにより、

「偏見があるのかないのか」が論点になってしまい、本来そのこととは無関係に対応可能であるはずの不平等の改善が手つかずになってしまう可能性があるということです。

第二に、偏見があるのかないのかが論点になってしまった場合、個別のケースについてそれを確認することは非常に困難、もしくはほとんど不可能であるということです。もし問題になっている偏見が「客観的事実とは異なる、誤った認識」といったものであれば、偏見を立証することは可能でしょう(5)。しかし、偏見が純粋に「誤った認識」のみによって構成されているケースはまれであり、多くは敵意や「事実確認できない評価」(たとえば「こわい」とか漠然と「劣っている」とか)を含んでいます。そういったものは客観的に立証することはできず、告発を受けた人が自ら認めるか、あるいはその人の行動から偏見があると「決めつける」しかありません。後者の場合には、さらに「決めつける」ことをめぐって葛藤や対立が生じる可能性があります。

また、差別行為と偏見を同一視する考え方では、差別行為を予防することが事実上ほとんど不可能になります。もし差別行為を法的に禁止しようとしても、差別行為の禁止はそのまま「偏見を持つことの禁止」と同義になってしまいますので、法的規制は効果がなく、そもそもそのような法律を作ることが不可能です。また、「自分が差別をしないようにするにはどうすればいいのか」と考える人にとって、「偏見をなくす」という答えしか与えられず、しかも自分が偏見を持っているかどうかは本人にはわからないため、偏見をなくすための動機づけも目標も得られません。

以上のことから、差別行為と心理的要因の関係について考えるためには、まず「差別行為」が明確に定義されていることが大前提となるわけです。

それでは、差別行為の定義を明確にしたうえで、それに対する心理的要因の影響を考えればどうなるでしょうか。差別行為の定義は、第1章で説明したようにさまざまな考え方がありますが、ここでは単純に「特定の人々への攻撃や忌避」として心理的要因との関係を考えてみましょう。

攻撃や忌避の原因として考えられる心理的要素としては、否定的な感情もしくは価値づけを考えることができます。確かに、あるカテゴリーに属する人々に対して否定的な感情や価値づけ（「こわい」とか「劣っている」など）を持っていれば、その人たちを避けようとするでしょうし、侮蔑的な言動も生まれるでしょう。

このような因果関係がある可能性を私は否定しませんが、問題は、これが差別の主要な原因（のひとつ）であるのか、ということです。偏見（否定的な感情や価値づけ）が差別行為（攻撃や忌避）の主要な原因であると考えるためには、偏見が（差別行為の発生件数と見合う程度に）広く共有されていると考えなくてはならないし、差別行為をした人の多くが偏見を持っていると考えざるをえません。しかし、そのいずれについても私は否定的な見解を持っています。

これまで説明してきたように、差別行為は本質的に第三者（共犯者）を巻き込んでいく性質を持っていると私は考えています。そして、差別行為の少なくとも一定の割合のものは、攻撃や忌避ではなく「同化」を主要な動機づけとしている（同化主導型差別行為）こともすでに説明したとおりです。すなわち、少なくとも同化主導型差別行為においては偏見は差別行為の主要な原因ではありません。そして、（もともと偏見とは無関係に）差別行為に加担してしまった人は、偏見と見なしうる言動によって自らを正当化しようとすると考えられます。すなわち、偏見によって差別行為が起こるのではなく、差別行為を行うことによって偏見が形成されるのです。

偏見が差別行為の（主要な）原因でないとすると、それでは、どこに（構造的な）原因を求めればいいのでしょうか。これはなかなか難しい問題ではありますが、差別の解消や減少という実践的関心にとって意味のある範囲で答えるならば、私は「言語」であると考えています。

ここでいう「言語」とは、日本語とか英語とかの語彙と文法の体系としての言語ではなく、より局所的に（狭い範囲で）共有される意味の体系を含めた「言語」です。ある社会的カテゴリーを指し示す言葉が、否定的な性質や他者性の「記号」として共有されている状態、あるいはその言葉を含む慣用句が排除の効果を持つことが了解されている状態が、「言語」の問題です。

たとえば「同和はこわい」という意識や偏見が共有されているのではなく、「同和＝こわい」と理解する記号が（「われわれ」なら知っているものとして）共有されていると考えるのです。そして、それが差別行為として発動する仕組みは、否定的な感情を持っているから攻撃したり忌避したりするということではなく、「同和＝こわい」という記号は、みんなが知っているものとしていつでも利用可能であり、それを同化や（個人の）攻撃という目的に利用することによって差別行為となるわけです。そういう意味では、「原因」というのは適切ではなく、むしろ差別行為の「条件」あるいは「資源」と考えた方がいいでしょう。(6)

偏見によって差別行為が生じているのか、そうでないのかは、具体的な差別行為の分析によって判断されるべきでしょう。そこで、偏見理論の立場から書かれた文献で偏見の事例として示されたできごとを取り上げ、本書の立場から考えてみましょう。

以下はルパート・ブラウン氏による『偏見の社会心理学』（Brown, 1995）の冒頭に示された事例です。ある白人の大家のアパートを黒人男性が見に行きます。そのとき大家は、「私はここに来た人たちのことを考えあわせて、それから電話することにしています」と答えます。

その後、今度は白人の男（マーシャル）が同じアパートを見に来ます。以下はそのときの会話です。

マーシャル「それは早い者勝ちですか……つまり、私が借りたいといったらどうしますか」

大家「（ためらいながら）……あー、えーと、そうですね、はい。それにふさわしい人だったら、はいといいます、いいますとも。しかし……そうでなかったら、『後で連絡します』といいます（お世辞笑いをしながら）」

マーシャル「分かりました。本当に気に入った。しかし私は……」

大家「……別のところも見に行くのですか」
マーシャル「そうです、二か所ほど。しかしその……誰か競争相手がいるのですか。つまりその、誰か借りたいという人がいるのですか」
大家「そうですね、私が四時に帰ってきたときでした。六時――六時から七時の間――に来るという奴がいました。えーと少し差別的だが……奴は黒人だった――でもいい奴だった――が彼がいざこざを起こしそうだと思ったので、後で連絡するといっておきました」
マーシャル「黒人に貸そうとは思わないのですか」
大家「思いません。彼はいい奴だけれども、分かるでしょう。でも、彼は大男だから少し手におえないと思う。しかし彼はどうも問題を起こしそうに思える……」
マーシャル「あー何といったらいいんだ。ここを手放したくないが、今はっきりと決めかねている」
大家「そうですか、別の部屋もありますよ……同じ条件で」
マーシャル「分かりました。あなたは黒人には部屋を貸しそうにないから、それに賭けます」
大家「それがいい」(7)（同書、邦訳二頁）
この事例は、大家を訪れた二人の男によって（隠しカメラで）撮影された映像からの会話で、テレビドキュメンタリーの一部だということです。

このドキュメンタリーの取材では、もう一人の白人を合わせた三人（最初の訪問者は西インド人またはアジア人。二番目はハンガリー人で三番目はイギリス人）で六〇名の大家を訪問し、三〇名の大家が「西インド人の後に訪れたほかの二名にはまだ空いているといった物件を、最初の彼にはもう決まったと言った」ということです。

このケースでは、大家は黒人の訪問者に対して「もう決まった」といっているわけではないので、なぜ六〇件のなかから著者がこれを取り上げたのか判然としないのですが、なんらかの意味において代表的もしくは典型的だと考えたためにこれを選んだのだろうという想定に基づいて、この事例について考えてみます。

この事例でまず注目すべき箇所は、マーシャルがほかに二カ所ほど見に行く予定だと語り、そしてだれか（ほかに）借りたいという人はいるのかと尋ねている点です。この発言によって、大家にはマーシャルを引き止めておきたいという動機が発生し、なおかつ「ほかの希望者」よりもマーシャルの方が（なんらかの点において）有利であるといわざるをえないような状況が作り出されています。

これに対して大家が着目するのは（あるいはそう仕組まれているのは）マーシャルが白人であるという点です。目の前にいるのは（自分と同じ）白人、そしてライバルは黒人、そのことを利用するしかないと考えたのかもしれません。

大家は、最初は「少し差別的だが」「でもいい奴だった」といった言い訳を交えながら話し、そして「彼はいい奴だけれども、分かるでしょう」とマーシャルを巻き込もうとしています。この「分かるでしょう」という発言が（本書の立場から見れば）典型的な「同化」メッセージであることは、もうおわかりだと思います。そしてその「同化」の試みは、マーシャルの「あなたは黒人には部屋を貸しそうにないから、それに賭けます」という発言によって達成されたのだと大家は感じたことでしょう。

この事例においては、大家の目的（マーシャルを引き止めること）はかなりはっきりと読み取れます。そしてその目的を達成するために差別行為をしたと解釈するならば、大家自身が偏見（黒人に対する否定的な感情や評価）を持っていたのだと仮定する必要はありません。大家はマーシャルが「分かるでしょう」という言葉に期待どおりの反応をするだろうと予測したのだと考えれば、（大家自身の偏見を持ち出さずに）この事例の解釈は可能です。やや不正確な言い方ですが、わかりやすくいえば、大家自身が偏見を持っていたことがこの事例からわかるのではなく、マーシャルが偏見を持っていると大家が想定していることだけが、この事例からわかるのだということです。すなわち、この事例から大家が偏見を持っていたと結論づけることはできないのです。(8)

大家の「分かるでしょう」という発言の意味をもう少し詳しく考えてみましょう。このひとつ前の発言では大家は「『後で連絡する』といいます」と、必ずしも貸さないという判断が明確ではない言い方をしています。そのためマーシャルは「黒人に貸そうとは思わないのですか」と明言を迫る言い方をしています（おそらく偏見をはっきり口に出させるように仕向けたのでしょう）。それに対して今度は大家も「（貸そうとは）思いません」とはっきり答え、それに続く発言が「彼はいい奴だけれども、分かるでしょう」というものです。すなわち、この「分かるでしょう」というのは、「あなたにだって（同じ白人なんだから）黒人に部屋を貸さない理由は分かるでしょう?」あるいは「あなたにも黒人がどういうものか分かるでしょう?」という意味です。

それでは、この「分かるでしょう」という問いかけにマーシャルはどのように答えているでしょうか。直接の返答はしていませんが、「あなたは黒人には部屋を貸しそうにないから」という形で、黒人には貸さないという大家の言葉を信用したことを表明しています。そして、この「信用」は、「分かるでしょう」という言葉の指し示す内容を「わかる」ことによって成り立っています。すなわち、マーシャルはこの文脈における「黒人」という言葉の意味を知っており、その意味を大家と共有することによって、大家の言葉を信用したわけです。

この事例の場合、マーシャルは「取材」という隠された意図を持っているため、極力中立でいたいと考えていたでしょうし、偏見に対して批判的な意見を持っていたかもしれません。それにもかかわらず、マーシャルは「分かるでしょう」という問いかけに肯定的に答えてしまったし（少なくとも大家にはそう受け止められたでしょう）、大家の言葉を信用するしかなかったのです。

そして、非常に重要なことは、マーシャルが信用を表明したことが、大家とマーシャルの間のいわば「密約」という意味を持ち、大家の行動を拘束してしまうということです。この発言が行われたあとでは、大家は黒人の希望を断るしかないでしょう。そのことをもって、マーシャルは、あるいはドキュメンタリーの制作者は「大家は偏見を持っている」と判断するのかもしれません。しかし、本当にそうなのでしょうか。

私には、この事例はマーシャルによって（あるいはドキュメンタリー制作者によって）「仕組まれた」ものだと思えます。最初に黒人が訪問し、次に白人が訪問する。そしてその白人はほかに見たい物件があることをちらつかせて大家の引き止めようとする気持ちをあおり、黒人であることがわかっているライバルとの比較を大家に迫ります。つまり、「あなたは白人だから有利なのだ」という「正解」へと相手を誘導しているわけです。

この誘導に大家が影響されてしまう条件はなんでしょうか。まず「正解を知っている」ことが必要です。設定された状況のなかで、黒人と白人という違いに言及すれば相手を納得させることができるという知識を持っていなくては、この仕掛けにはまることはないからです。しかし、そのような知識を持っていても、それをあえて使わない人もいるでしょう。それはそのような言い方を差別であるなどと認識し、自ら規制するからであり、道徳観念や規範意識などによるものだと考えられるでしょう。

「知識」は、大家にもマーシャルにも、そしておそらくこのドキュメンタリーを企画した人々にも共有されています。その知識とは、「黒人」という言葉が特定の文脈でどのような意味を持つのかという知識であり、「黒人」という言葉を使うことによって相手（白人）にどのような反応を期待できるのかという知識です。この知識それ自体は偏見ではありません。このような知識がなければ差別を認識することも差別に反対することもできないわけですから。しかし、そのような知識とそれを行使する言語技術を持ってさえいれば、いつでもそれを行使することは可能です。

さらに、この知識とは「黒人についての知識」ではないことに注意することが必要です。「黒人」という言葉が、ある文脈ではどのような意味を持つのかという知識、「黒人」という言葉を使うことによって得られる効果についての知識です。だからこそ、これを「言語」が共有されているという問題なのだと私は主張しているわけです。

道徳観念や規範意識といったものは、そのような知識の使用を抑制する要因だと考えられます。そしてこれが個人差を生み出しているのでしょう。これは心理的要因と考えることはできますが、やはり偏見ではありません。

以上の考察から、このケースにおいては大家の偏見を説明できないことは確認できたと思いますが、それでもほかのケースにおいては偏見があるのだと考える人もいるでしょう。たとえば、最初に黒人男性が部屋を見に来た時点で、「もう部屋は埋まってしまった」などと嘘をいって追い返してしまうこともありうるでしょう。しかし、その場合においても、それを大家と黒人男性の二人の間だけの出来事として見ることは適切ではないと思います。その背後にはほかの白人（の客）などがさまざまな形で関与しているはずなのです。

また、より重要なことは、「偏見（理論）」というフィルターを通すことによって、右のような事例も偏見の事例だと見えてしまうということです。そしてそれは研究者に限ったことではありません。ドキュメンタリーの制作者たちもそのように見たのでしょうし、大家自身さえ、「自分は偏見を持っている」と理解したかもしれません。極端な言い方をすると、偏見理論こそが偏見を作り出している、そういった側面があることには注意が必要です。

3 カテゴリー化とステレオタイプ

偏見理論の特徴として二番目に挙げた点は、「差別する側」の「差別される側」についての認識（認知）が、差別行為と深くかかわっているということです。そして、「差別される側」の認知の仕組みとして、カテゴリー化やステレオタイプといった作用が語られます。

しかし、それらは本当に差別と関係があるのでしょうか。あるいは差別問題を解くカギなのでしょうか。

ある人物を、特定の社会的カテゴリーに属すると認識し（カテゴリー化）、その社会的カテゴリーに共通する性質をその人もまた持っていると推論する（ステレオタイプ）。確かにそういったことは実際に起こっているでしょう。しかし、これは差別だけに見られることではありません。いわば対人認知の基本的なプロセスであり、差別に限らず人々はあまりよく知らない人や初めて会った人に対して、なんらかのカテゴリー化を行っているのです。たとえば性別カテゴリーについて考えれば、「女性」というカテゴリー化や「女性」についてのステレオタイプは確かに存在するでしょうが、「男性」というカテゴリー化や「男性」についてのステレオタイプもまた存在します。

すなわち、差別を理解するうえで、カテゴリー化やステレオタイプそれ自体が問題なのではなく、ある特殊な性質を持ったカテゴリー化、ステレオタイプを問題にしなくてはならないのです。それでは、差別に特有の特殊な性質とはどのようなものでしょうか。これまでの議論を踏まえれば、「非対称性」ということになりますが、ここでは偏見理論でしばしば言及されることに基づいて話を進めたいと思います。

まず第一に、ステレオタイプが反証事例によって修正されにくい性質を持っているのはなぜかということです。仮にある人物をよく知らない段階ではステレオタイプ的な見方をしていたとしても、その人をよく知るにつれそれが修正されていくのであれば、さらに、「その人をよく知れば修正されていくかもしれない」という予想があれば、ステレオタイプは深刻な差別問題にはつながらないでしょう。しかし、実際には一度受け入れられたステレオタイプは容易に修正されないとされています。それはどうしてなのでしょうか。

第二に、ステレオタイプが社会的に共有されている（ように見える）のはなぜかということです。もし人々がそれぞれまったく異なったステレオタイプを持っているなら、それが深刻な差別問題の原因にはならないでしょう。しかし、実際にはまるで判で押したような「紋切り型」がさまざまな人によって語られることが、ステレオタイプの原型的なイメージですが、なぜそのような異論を入り込ませない斉一《せいいつ》性が見られるのでしょうか。

まず第二の点について考えてみましょう。

前節で紹介した事例において、大家の「奴は黒人だった――でもいい奴だった――が彼がいざこざを起こしそうだと思ったので、後で連絡するといっておきました」という発言は「黒人＝いざこざを起こしそう」というステレオタイプを表現していると考えることもできるでしょう。

しかし、すでに説明したように、大家がこのような表現を用いたのは、マーシャルもまたその認識を共有しているであろうと予想したためだと考えられます。「わかるでしょう」という言葉がそのことを示しています。

すなわち、同意されるという予想があるときのみステレオタイプは表明されるのです[9]。

もしかすると、大家は「黒人はいざこざを起こしそう」だと信じていたかもしれませんが、あまり強くは信じていなかったかもしれません。しかし、そのことは実際の発言にはそれほど大きな影響を与えません。問題は、その発言内容がほかの人にも支持されるものなのだという信念があるということです。つまり、ステレオタイプは、「私の認識」ではなく「われわれの認識」であると結論づけることができるでしょう。

私がどう思っているのかが問題なのではなく、「われわれにとってはどうなのか」が問題なのです。[10] このように考えると、第一の点、すなわちステレオタイプの修正されにくさの原因は非常に明白です。それはステレオタイプが「私の認識」ではなく「われわれの認識」だからです。実態を見せつけられ、ステレオタイプを反証するデータを与えられてもなお、ステレオタイプを表現することをやめないのは、それが（事実であろうがそうでなかろうが）「われわれ」の間で通用する言語資源だからです。

以上のことから、差別にかかわるカテゴリー化とステレオタイプの特殊性が明らかになったと思います。ステレオタイプとは「われわれ」の認識なのだということ、そして、差別問題にかかわるカテゴリー化とは、被差別者のカテゴリー化ではなく、「われわれ」のカテゴリー化なのです。[11]

「黒人」にまつわるステレオタイプとは、相手を「黒人」とカテゴリー化することによって生じるのではありません（そのようなカテゴリー化も行われていますが、それは差別に限らず対人認識一般において生じることです）。むしろ、自らを「白人」（正確には「われわれ」です）とカテゴリー化することによって、「白人」（「われわれ」）の認識としてステレオタイプが表明されるのです。[12]

偏見理論は偏見の内容を認識主体から切り離してしまいます。「白人による黒人についての認識」

を、前半部分を切り取って「黒人についての認識」として捉えてしまうのです。そして、問題を一般的な対人認知のプロセスにすり替えてしまっているのです。

また、被差別者の認識が問題であるとする考え方は、差別する側の「われわれ」のカテゴリー化という問題を気づきにくくしてしまいます。たとえば、先ほど引用した大家とマーシャルの例では、マーシャルは大家が黒人に対して偏見を持っていると感じたかもしれませんが、そのことに気を取られていると、マーシャル自身が大家によって（「われわれ」＝白人として）カテゴリー化されているということに気づかず、自分自身は中立的な立場をとっていると思っていても結果として差別に加担しているという可能性にも気づかないでしょう。

4 二者関係のモデルと三者関係のモデル

最後に指摘した問題は、集団間の関係という文脈のなかに偏見や差別を位置づけているという点でしたが、これは偏見理論が基本的に「二者関係のモデル」であることと関係しています。

二者関係のモデルであるということは、すなわち、差別する側とされる側、マジョリティとマイノリティなどの二つの集団もしくは社会的カテゴリーが、あらかじめ識別されていることを前提とした理論モデルだということです。差別する側とされる側の間になんらかの差異があると考えなければ、そもそも偏見理論は成り立ちません。偏見の対象がまず（なんらかの差異によって）確定していなければ、偏見の内容もまた確定できないからです。

このように書くと、差異は初めから存在している、問題は差異そのものではなく、それに対する意味づけなのだという意見が出るかもしれません。たとえば、男女が違っているというのは客観的事実であって、それ自体が差別ではなく、その違いに否定的な意味づけをすることが差別なのだ、といった考え方です。このような考え方はかなり一般的なものだと思います。しかし、まさにこのような考え方こそが、二者関係モデルである証なのです。差異を認めたうえで、排除や否定的な扱いをなくす。これは二者関係モデルの必然的な帰結です。

しかし、差異を認めるということそれ自体が持つ問題については、二者関係のモデルは論理的に対応することができず、なおかつ、すべてを「差異の問題」に還元するような認識をもたらしてしまいます。

たとえば、第2章で使った「女ってのは……」という例では、わかる／わからないという問題に、「性別」を持ち込んだことこそが問題であるのに、二者関係モデルでは、これを（初めから存在する）「男性対女性」の問題として認識してしまいます。「女性は（男性とは違って）論理的ではない」という偏見が存在するのではないか、という捉え方になってしまうのです。そのため特定の状況においてなぜ（差別と関係がある）ある基準が持ち込まれるのか、という問題を焦点化することができず、すべてを二者関係の問題、差異の問題に還元してしまうのです。

それでは、どのようにして、「差異の意味づけ」という問題設定を回避できるのでしょうか。今の例で、「特定の状況において」と表現した部分がヒントになります。すなわち、具体的な状況、文脈のなかで差別の問題を考えることが必要なのです。しかし、二者関係モデルとしての偏見理論は、具体的な状況に「差別―被差別」という二者関係を当てはめることによって、状況を抽象化し、具体的な状況ではなく一般的な「構造」の問題に論点をずらしてしまう効果を持ってしまいます。このことから、二者関係モデルは、静的（スタティック）なモデルであるということができるでしょう。

客観的・抽象的に考えると、差異はあるといえるかもしれません。しかし、そのことが問題なのではなく、具体的な状況において、どのように差異が参照されるのかを問題にしなくてはならないのです。そして、そのためには、静的なモデルではなく動的（ダイナミック）なモデルとしての三者関係モデルが必要なのです。

もう一度、2節で紹介した事例（大家とマーシャルの会話）を考えてみましょう。二者関係モデルである偏見理論では、この事例を解釈する要素として、差別される側としての「黒人」と差別する側としての「白人」しか存在しません。それらのカテゴリーは所与の条件として、認識のための枠組みとして使われます。つまり、大家と黒人男性の関係のみが、「白人対黒人」という関係性として認識されるのです。

この場合、マーシャルの立場はどうなるのでしょうか。おそらくは、自分は差別にはまったく関与していない第三者なのだと受け止めるか、さもなくば、初めから、客観的に、「差別する側」なのだと受け止めるか、このどちらかしか考えられないだろうと思います。そして実際に、差別問題にかかわる「差別する側」の人々は、この二つの間を揺れ動いているのではないかと思います[13]。

しかし、この二つの立場のいずれも、問題を含んでいると思います。関与していないという立場では、第三者的な立場のつもりであっても結果的には差別に加担してしまうという問題を見過ごしてしまいますし、自分を「差別する側」として規定し、差別に関する責任をすべて背負い込んでしまっても、それだけではなんの解決にもならないからです。重要なことは、差別行為がどのように人々を巻き込んでいくのか、どのように巻き込まれていくのか、その仕組みを見極めることであるはずです。そのためにこそ、（差別行為に不可欠な存在としての）「共犯者」という立場は強調されなくてはならないと思います。

5 偏見理論の問題点

以上の議論に基づいて、偏見理論と本書の差別論の違いを整理してみましょう。

次ページの表の二段目と三段目については特に説明の必要はないと思いますので、一段目についてだけ簡単に説明しておきたいと思います。「差別は心の問題」とする偏見理論の場合は、「心の問題」は差別行為の原因ですが、「差別は（局所的な）言語の問題」とする差別論では、「言語」は差別行為の原因ではありません。そのため、この論点を、ある負の価値づけを含む言動がなされたときそれをどのように評価するのかという問題だと位置づけ直したのです。

この章の最初でも説明したように、ここで取り上げた偏見理論とは、社会心理学の領域における特定の研究（領域）を指すものではなく、むしろ差別という問題についての「一般的な考え方」の特徴を「偏見」という言葉を手掛かりにして描いたものだと理解してください。

そして、重要なことは、偏見理論は単に説明力が劣るとか、ある事実をうまく捉えていないということだけでなく、差別問題の解決にとって大きな障害になっているということです。

まず第一に、偏見理論が偏見を作り出してしまうということです。

偏見理論では「偏見→差別（行為）」という仮定があるため、結果として被害を与えてしまった行為

偏見理論と差別論		
	偏見理論	差別論
負の価値づけの表明	偏見の表現	（局所的な）言語の使用
カテゴリー化	差別される側のカテゴリー化	差別する側（われわれ）のカテゴリー化
基本モデル	二者関係	三者関係

をすべて「偏見に基づく行為」と位置づけ、「心の問題」の存在を想定してしまいます。これは一方では「過剰な告発」を生み出してしまうと同時に、告発自体は「心の問題」を想定していないにもかかわらずそのように受け止め、「過剰な反発」をもたらしてしまう可能性があります。そのため、告発をめぐって必要以上に感情的な対立を作り出してしまうことがあるのです。

偏見理論が偏見を作り出す仕組みはもうひとつあります。それは主に偏見を測定しようとするときに起こることです。ある人が偏見を持っているのかどうかを確かめようとするときには、特定の社会的カテゴリーに対する態度を調べるということになります。これはごくあたりまえのことのように見えますが、注意すべき点は、その社会的カテゴリー（が意味ある存在であること）が所与の前提として与えられなければ、偏見の測定はできないということです。そしてその際に、「他者化」が起こりうるのです。

ひとつの例として、部落問題についての意識調査でしばしば使われる「あなたは被差別部落出身者と結婚できますか」[14]といった質問について考えてみましょう。

この質問は偏見理論に基づけば「ある社会的カテゴリーに対する態度」を

測定していると考えられるので、まったく正当なものです。しかし、この質問を自分に向けられたものとして考えてみたときに、読者の皆さんはどのように感じるでしょうか。

この問いについて考えるためにもっと重要なポイントは、これが被差別部落出身者ではない人に向けられた質問としてのみ意味を持つということです。そのため、被差別部落出身者である（と自分を見なす）読者の皆さんがこれを「自分に向けられた質問」として考えても、問いとしてあまり意味をなさない、あるいは意図がわからない質問だと感じられたはずです。しかし、被差別部落出身者ではない（と自分を見なす）読者の皆さんは、そのこと（被差別部落出身者以外に向けられた質問であるということ）をあまり意識しなかったはずだと思います。質問自体にはそういったことは含まれていないので、それは当然でしょう（「われわれ」としてあいまい化されているのです）。すなわち、この質問それ自体が「他者」と「われわれ」という構図を作り出しているのです。さらに、（被差別部落出身者ではない人にとって）この質問が意味ある質問であることを理解するためには、暗黙の前提を補う必要があります。「結婚できますか」という質問が意味をなすためには、なんらかの「結婚できない／結婚の障害となる一般的な理由」があるのだと想定しなくてはなりません。つまりこの質問はそのような一般的な理由があると暗黙のうちに伝えてしまっているのです。そして、その暗黙の前提を調査（設計）者と被調査者が暗黙のまま共有することによって、この問いは成立するのです。

このように考えると、この質問は「同化メッセージ」にほかなりません。調査を設計した人にそのような意図がなくても、被調査者は「同化メッセージ」を受け取ってしまう可能性があるのです[15]。そして、「同化」によって引き起こされた反応（回答）を、偏見や差別意識などと理解するとしたら、これはまさに偏見理論が偏見を作り出しているのだといえるでしょう[16]。

第二の問題は、偏見理論が他者の客体化を引き起こしてしまうということです。本来偏見理論は、偏見を持つ者、すなわち差別する側を問題にしているはずなのですが、偏見が「被差別者についての認識」であるために、偏見を特定しようとすると「差別される側」に注目せざるをえません。そして偏見が認識主体から切り離された認識であるために、あたかも「被差別者の問題」であるかのように問題を構成してしまうのです。

「同和はこわい」という言葉を偏見として捉えることにより、「こわい」と感じる認識主体や状況から切り離されて、「こわい」ことには被差別者の側に何か根拠があるのかどうかが問題になってしまうのです。

第三の問題は、「共犯者」の関与を見えなくするということです。偏見理論は二者関係モデルであるために、差別を差別者と被差別者の間のみの関係であると捉えてしまい、そこに直接あるいは間接的にかかわっている人々を無視してしまうことになります。そのため、差別という問題が多くの人々にとって他人事になってしまうのです。

偏見理論が二者関係モデルであることは、もうひとつ別の問題をもたらします。これが四番目の問題、差別する側と差別される側を分断するということです。偏見理論は二者関係を所与とするスタティックなモデルであるため、差別する側と差別される側を固定します。固定しなければ偏見を特定することができないのです。そのため、差別（排除）によって持ち込まれた「壁」を追認し、その「壁」があたかも初めから存在し、乗り越えられないものであるかのように感じさせてしまうのです。念のために付け加えておくと、私は「壁」など存在しないと主張しているのではありません。「壁」は特定の状況でだれかによって持ち込まれるものなのです。そして、「壁」を持ち込む行為こそが「差別行為」なのです。

注

（1）実は、学術的な「偏見」の定義にも、さまざまな混乱があるように思います。最も基本的な定義は偏見理論の創始者であるオルポート氏のものだと思いますが、それは以下のような定義です。

偏見とは、ある集団に所属しているある人が、たんにその集団に所属しているからとか、それゆえにまた、その集団のもっている嫌な特質をもっていると思われるとかという理由だけで、その人に対して向けられるけんおの態度、ないしは敵意ある態度である。（Allport, 1958, 邦訳七頁）

この定義においては、偏見は「態度」なのですが、偏見研究には偏見という概念の指し示す範囲が非常に拡散したものも見られます。たとえば以下のようなものです。

ある集団の成員であるとの理由で、その集団の成員に対して、軽蔑的な社会的態度や認知的信念の保持、否定的感情の表明、敵意や差別的行動の誇示などをすること。（Brown, 1995, 邦訳八頁）

この場合は態度（の認知的・感情的成分）も行動（的成分）も「偏見」という概念のなかに含まれています。このような定義のもとでは、偏見によって差別（行為）が生じるのかという問題を立てることさえできないのではないかと思います。

（2）この言葉が用いられた最も有名な例は、同和対策審議会答申（一九六五年）でしょう。答申では差別を心理的差別と実態的差別に分け、その二つが相互に作用していると述べています。そのため、心理的差別が「原因」であるとはいいきれませんが、少なくとも心理的差別によって実態的差別が生じるという因果関係ははっきりと認めています。

（3）「差別意識」という言葉もさまざまな意味で用いられていて、その意味を特定することは困難ですが、一般的に「差別意識」という言葉が用いられるときは、「社会意識」として、すなわちある社会で共有されているという性質を強調しているように思います。しかし仮に「社会意識」によって差別が生じると考えたとしても、それが「意識」である限り、必ず個人の心理的プロセスを通じて具体的な行動として現れると考えられます。

（4）注（1）で示したBrown氏の定義がその一例です。

（5）たとえば、病気や障害についての科学的根拠のない思い込み、あるいは特定の社会的カテゴリーの人々に犯罪などの逸脱行動が多いという認識に客観的な根拠がない場合などです。

（6）ただし、記号が「共有」されているという表現には留保が必要です。それは、「われわれ」のすべてのメンバーがその記号の意味を同じように理解しているとは限らないからです。むしろ、「共有しているものとして語る」行為が慣習的に存在している、という表現の方がより正確でしょう。

（7）引用箇所の原文は以下のとおりです。

MARSHALL: Is it on a first come first served ... that is, if I wanted it ...?

LANDLORD: (hesitating)... er... yeah... well... yes... someone sort of suitable I would say yes, I would. But... otherwise I might say' I'll let you know' (embarrassed laugh).

MARSHALL: OK I do actually like it. But I have got...

LANDLORD: ... got other to see have you?
MARSHALL: Yes, two places. But I mean... have I got any competition? I mean, does anyone else want it?
LANDLORD: Well, the situation is that I came back at four o'clock. There's a chap coming round at six o'clock-between six and seven-and... um... being a bit of a racist... but he was Black-nice enough chap-but I thought he might create problems so I said look, I'd let him know.
MARSHALL: Would you not have a Black... ?
LANDLORD: No. He was a nice chap, you know. But, on the other hand, he was a big bloke and he'd be a bit of a handful. But I thought he might create problems you know...
MARSHALL: Damn. I don't know what to say. I don't want to lose it but I don't want to say yes for sure.
LANDLOAD: Well, I've got another room... which I let as well.
MARSHALL: Well, I'll take my chances because you're saying the black guy is not going to get it?
LANDLOAD: That's right.

本文で参照した「分かるでしょう」という表現は、原文では〝you know〟です。実は原文ではもう一カ所、「しかし彼はどうも問題を起こしそうに思える……」と翻訳されている文の末尾にも〝you know〟が出てきます。おそらくここにもう一度「分かるでしょう」と入れると日本語としてはくどくなってしまうので省略されたのでしょう。

（8）ブラウン氏の偏見の定義は差別行為も含むものですから、その定義に基づいてこれを「偏見」の事例と見なすことは間違いではありません。しかし、ブラウン氏が「否定的感情」を偏見の共通要素と見なしていることから考えると、その主張を覆す可能性がある事例だと思います。

（9）同意する（と予想される）人は、場合によっては、発言の聞き手ではないかもしれませんが、少なくともまったく個人的な見解ではなく、「だれかが支持するはずの見解」として意識されているはずです。

（10）自分自身がどう思っているのかという論点はしばしば回避され、あいまいに語られます。先の例でも、ある程度までは語って、「あとは、みなまでいわずとも、わかるだろう？」と解釈を相手に委ねた言い方になっています。

(11)「被差別者のカテゴリー化」を問題にする考え方は、(狭義の)偏見理論に限らずかなり大きな影響力を持っていると思います。その一例として、(偏見理論とはまったく異なる立場であるはずの)エスノメソドロジーの立場からの差別論においてもこのような考え方が見られることを示したいと思います。

取り上げるのは、山田富秋氏の「アイデンティティ管理のエスノメソドロジー」という論文です(山田、一九九六)。

山田氏は差別する者と差別される者の「非対称性」(これは本書での使い方とほぼ同じです)を、「知識の共有」によって説明しようとします。すなわち「差別される側も差別する側もお互いの非対称的関係について知識を共有しているということ」なのです。

ここまでは私もそれほど異論はないのですが、問題はどのようにして「知識が共有される」のか、特に「差別される側」までもがなぜ「知識を共有」しているのかということです。山田氏の議論を追ってみましょう。

まず山田氏はサックス(H. Sacks)のカテゴリー化についての議論を引いて、「外から」のカテゴリー化によってそのカテゴリーのメンバーが「内部からもそうやって見られたとおりに行為しようとする」のだと主張します。しかし、どうしてそのようなことが起こるのでしょうか。山田氏はこの問いに対して、今度はフーコー(M. Foucault)の権力論を引き、そのカテゴリーが(カテゴリーのメンバーの)アイデンティティに結びつけられるからなのだと説明します。

しかし、これは「非対称性」の説明にはなっていないと私は思います。「差別される側」が「統制」されるのと同様、「差別する側」もまた、同様に「統制」されるはずだからです。そのため、「非対称性」はこのような仕組み自体にあるのではなく、それ以外(外側)に「非対称性」の原因を求めざるをえなくなります。それが「支配的文化」です。

実際、山田氏も「差別する側も、支配的文化の命じる蔑視や排除などの差別行為を自分でも知らないうちに遂行している」と書いています。すなわち、「支配的文化」とは、「差別する側／される側」双方から独立した、超越的な存在として想定されるのです。

こうなると、結局問いは振り出しに戻ってしまいます。「どうしてあるカテゴリーを『差別される側』、それ以外を『差別する側』として位置づける『支配的文化』が存在するのか」と。「差別する側」もまた「支配的文化」によって支配されているとしたら、「支配的文化」はだれによって作られ、だれが支えている文化なのでしょうか。　もし共同で作られ、支えられているとしたら、「差別される側」までもが「支配的文化」を支える理由はなんでしょうか。

山田氏の議論の混乱は、カテゴリー化そのものの「非対称性」を捉えることができていないことに起因していると思います。そして、偏見理論と同様に、「差別される側のカテゴリー化」が差別の仕組みのなかで重要な意味を持っていると想定してしまったのです。

本文で説明したように、「差別される側のカテゴリー化」にはなんの秘密もありません。それは一般的な対人認知の仕組みであり、人々は互いにさまざまなカテゴリー化を行っているわけです。「差別される側のカテゴリー化」についていくら考えても、そこから「非対称性」を導くことはできず、そのために「非対称性」を「外部」（一般的に共有される意識や文化）に求めるしかなくなってしまうのです。

差別の仕組みにかかわっている「カテゴリー化」は、「差別する側」（われわれ）のカテゴリー化だけです。この点さえ修正すれば、山田氏の議論はもっとすっきりとした、説得的なものにできるはずです。

被差別者がネガティブなアイデンティティを形成してしまうのは、「被差別者」としてカテゴリー化されるためではなく、ある意味で「差別する側」としてカテゴリー化されるためです。山田氏が使った例でいえば、障害者が「障害者は不幸な存在」だという価値観を受け入れてしまうのは、本来「健常者」の視点からのものであるその価値観を、「健常者」としての視点を受け入れることによって共有してしまうということです。なぜそんなことが起こるのかというと、それは「健常者の視点」からの価値観がそれとして語られることなく、一般的な価値観であるかのように語られるからです。「健常者から見て障害者は不幸な存在（だと見える）」ということが、「障害者は不幸な存在」として一般化されているからです。これを「カテゴリー化」という観点から考えると、「健常者」が「われわれ」として一般化されているということにほかなりません。

このような考え方は、山田氏が引き合いに出しているフーコーの議論ともうまく整合します（私はフーコーの議論についてそれほど深く理解していないため、もしかしたら誤解もあるかもしれません）。すなわち、「差別する側」からの視線を「一般的な視点からの視線」として自分のなかに取り込み、それに基づいてアイデンティティを形成してしまうということです。この場合の「主体化」は事実上「差別する側」としての主体化です。

そして、「支配的文化」という概念も持ち出す必要がなくなります。問題にすべきは「超越的」な文化ではなく、特定の視点からの文化（正確には局所的な言語）です。エスノメソドロジー的な分析方針も、「ローカルな言語がいかにして（相互行為のなかで）『われわれ』のものとして共有されるのか」という形でより明確化できるのではないかと思います。

なお、山田氏がこの論文において私を批判している点（「差別される側に立つ差別論」と「差別する側に立つ差別論」を分ける必要はない）については、本書の第1章がその答えになっていると思います。この二つの「差別論」は、（より整理された形で）本書での「人権論」「差別論」という概念とほぼ対応していますので、その点に留意して読んでいただきたいと思います。

(12) これまでに述べたことの繰り返しになりますが、その「白人」が「われわれ」としてあいまい化されることによって、ステレオタイプの内容だけが認識主体から切り離されて存在しているかのように見えてしまうのです。

(13) 「差別と闘う側」なのだという意味づけも考えられます。しかしこれは具体的な差別的関係のなかに位置づけられる立場ではないため、二者関係モデルを採用し、（しかも無関係ではないと考える）以上は、（客観的に）「差別する側」なのだという立場を認めざるをえません。

(14) 実際にはこのような文章がそのまま質問文として使われることはないと思います。たとえば「あなたが結婚しようとした人が被差別部落出身者とわかったらどうしますか」といった問いの形式が使われます。この問いと本文で示した問いには大きな違いがあるはずですが、それはあくまで調査を設計した者の意図であり、回答者にとってはほとんど同一のものとして受け止められてしまう可能性があるでしょう。

(15) この質問文は文面上明示的な「見下し」の要素はありません。しかし、同化メッセージはつねにあいまいなメッセージであり情報を省略しているのだということを思い出してください。

(16) 私は意識調査においてこの質問は使うべきではないと主張しているのかというと、実はかなり微妙な立場です。これは調査倫理という観点からも、調査の実効性という観点からも考えなくてはならない問題だと思います。私はこの点に関して一応の見解を出していますが（佐藤、二〇〇二a、二〇〇二b）、意識調査には問題があるが（少なくとも現在のところ）実態把握や政策決定のためには意識調査は行わざるをえないというジレンマのなかでの、ぎりぎりの「妥協策」といったものです。今後批判的に検討されることを望みます。

第4章 差別論の射程と解放の戦略

1 差別論の射程

これまで差別論についてさまざまな角度から考察してきましたが、「理論編」の締めくくりとなるこの章では、差別論というアプローチから具体的に何ができるのか、何をしなくてはならないのかを（現時点で可能な限り）明らかにしたいと思います。

まず最初に、差別論の「射程」、すなわち、差別論が有効である範囲について考えてみましょう。

差別論は「差別問題」のすべてを解決できるわけではありません。第1章で述べたように、差別論は人権論との二本立てであることを前提にしたアプローチです。人権論は「結果」からのアプローチであり、被差別者が被る「被害」に着目し、それを解消するための措置をとることが目的です。そのため、人権侵害の客観的な認定と法的・制度的な対応といったことが主要な領域になります。一方差別論は「原因」からのアプローチであり、「原因」としての差別行為を解消するための方法を考えるのです。そしてそのためには、主観的意図や暗黙の知識を読み解いていく必要があります。

重要なことは、この二つのアプローチを混在させず、明確に切り分けることです。その切り分け方をわかりやすくいうと、以下のようになります。

人権論のアプローチでは、（差別者の）「意図」に踏み込まない
差別論のアプローチでは、（被差別者の）「被害」に踏み込まない

二つのアプローチを混在させてはならない理由は、「不当性」についての議論の混乱を避けるためです。人権論のアプローチで「意図」に踏み込んではならない理由は、すでに第1章で説明していますので、差別論のアプローチで「被害」に踏み込んではならないということについて説明しておきましょう。

簡単にいうと、「被害」に踏み込まない理由は、そうすることによって差別者―被差別者の関係だけが注目され、同化に注目するという差別論の視点がぶれてしまうからです。

しかし、「被害」に踏み込まなければ差別の告発は不可能になるのではないでしょうか。「被害」にまったく言及せずに差別を告発できるでしょうか。確かに、だれかが傷つけられるとか、不利益を被

るとか、不平等であるとか、そういった具体的な「被害」に依拠することなく差別を告発することは困難です。だからこそ、差別告発は基本的に「被害」に依拠する論理、すなわち権利の論理に基づいて行われてきたのですが、それが差別をめぐる議論に混乱をもたらしてきたことは、第1章で指摘したとおりです。

そのような混乱を回避するために、差別論は「被害」に踏み込まないのですが、そうすると「告発」は困難になってしまいます。差別論が注目する「関係の不当性」を基礎づける規範理論が存在しないためです。

それではどうすればいいのかというと、私の結論は、「告発」に必ずしもこだわる必要はないのだ、ということです。差別論の最終的な目標は差別をなくす（あるいは差別による被害を解消する）ことであるはずです。そして「告発」はそのための手段のひとつです。「告発」ではない手段とは何か、それは差別の「無効化」です。この「無効化」が差別論の基本的な戦略となります。(1)

差別の「無効化」がどのような戦略なのかについては、次節以降で詳しく説明しますが、ここではそれが何を解決できるのか、何を解決できないのかを示しておきたいと思います。

差別論が注目するのは「同化」です。そして差別の「無効化」という戦略はこの「同化」を無効化するということです。そのため、もしそれが成功したとすると、「排除」という仕組みも解体するはずです。ただし、差別者と被差別者の関係については、それを直接問題化しないため、「差別の無効化」がもたらす効果は間接的であり、「弱い」ものとならざるをえません。わかりやすくするために、いじめを例にして説明してみましょう。

いじめがたとえばクラス全体を巻き込むような集団的なものになっていく仕組みが「排除」（差別）です。そのため、排除という仕組みを解体できれば集団的ないじめはなくなるはずですが、もし初めから特定の子どもと「いじめられる子」との間に敵対的な関係があったのだとしたら、[2]その関係まで解消できるわけではありません。いうなれば、いじめを「タイマン」（一対一のけんか）に持ち込む、あるいは「タイマン」に近づけることができるだけなのです。もちろん、それができれば大きな成果だということはできるでしょうし、周囲の子どもが介入して「タイマン」をやめさせる可能性も出てきますが、一人またはごく少数の加害者によって閉鎖的な環境で継続的に行われるようなタイプのいじめについては、差別論のアプローチはあまり効果を発揮できません。

また、非対称性がいくつか重なった状況においても、差別論によるアプローチの効果は限定的です。たとえばセクシュアルハラスメントのように、上司―部下といった組織内の権力関係と男性―女性という非対称性が組み合わさって生じている問題では、差別論のアプローチで対応できるのは、性の非対称性だけです。具体的にいえば、男性上司の行為について「男同士のかばい合い」が起こり、問題がうやむやにされたり「温情的」な措置がとられてしまったりするといった問題については、差別論

のアプローチは効果を持ちえますが、上司―部下という権力関係それ自体は問題化できません。(3)

以上のように、差別論のアプローチは「差別問題」のすべてを解決するものではなく、むしろ差別にかかわる問題から（特定の）「差別」という要素を取り除くためのアプローチだと理解してください。

2 差別の無効化という戦略

まず最初に、差別の「無効化」についての基本的な考え方を説明しておきましょう。

差別が排除行為である限り、「同化」というプロセスが必要不可欠です。そのため、差別を無効化するには「同化」が行われないようにする、すなわち共犯者が同化を拒否すればいいわけです。

それでは、共犯者が同化を拒否するためには何が必要でしょうか。まずは同化メッセージを同化メッセージとして読み取ることが必要です。通常同化メッセージは意識されないような形で伝達されてしまうのでそれを意識化しなければならないのです。そして次にその同化メッセージを不当なものとして認識する必要があります。

まず、（順序は逆になりますが）同化メッセージをどのようにして不当なものと認識できるのかという点について考えてみましょう。実はこの点については包括的な方針を立てることができません。それはここでの不当性が「関係の不当性」であるため、それを根拠づける規範理論が存在しないからです（第1章参照）。しかし、多くの場合、このことはそれほど大きな問題にはならないと思います。それは次の二つの理由からです。

まず、差別の無効化という戦略においては、「不当性」はそれほど強いものである必要はありません。同化が行われないようにすることが目的なので、差別者が不当性を認識する必要はなく、共犯者が（なんらかの意味で）不当だと感じることができればいいのです。そのため、多少漠然とした感覚であっても、「同化される必要はない」といった程度の認識さえ得られれば目的は達せられるのです。たとえば第2章で例に出した「つんぼ」発言の場合であれば、それが「差別発言」であることを、発言をした人（教員）に納得させることが目的なのではなく、発言を向けられた人や周囲の学生たちが（同化メッセージであることを理解したうえで）「そういう言い方っておかしいぞ（不当だ）」と感じ、なんらかの方法でそれを表現できさえすればいいのです。そういう状況を作り上げることさえできれば、「つんぼ」発言はその効果を失い、そもそも同化の手段として使うことができなくなるはずです。これが差別の「無効化」のイメージです。

重要なことは、不当性を論理立ててきちんと説明できることではなく、多少漠然としていても、不当だという認識が「共有されること」あるいは（もっと正確にいうと）「共有されていることだとして示すこと」なのです。

もうひとつの理由は、「関係の不当性」は体系的に基礎づけられていなくとも、それは直感的に感じ取られているものだからです。たとえば、人の悪口を聞かされることの不快感、仲間はずれにすることの居心地の悪さ、人を傷つけることそれ自体の嫌な感じ。これらは的確に言語化できるものではないかもしれませんが、(すべての人ではないにしろ) しばしば感じ取られていること、あるいは何かのきっかけで感じることができるものではないかと思います。しかし、これらを「不当」なこととして告発しようとすると (言語化すると)、「直感的に感じられたもの」は脇に追いやられ、「悪口をいわれること」「仲間はずれにされること」「傷つけられること」が問題なのだとして、「権利論」に結びつけられてしまうのです。

それではどうすればいいのでしょうか。私の主張は、言葉として表現すると非常に大胆なものに見えると思いますが、「不当性」という論点は回避してしまおう、ということです。「告発」が目的ではないのですから、「不当性」を客観的に論証するという手続きはもともと重要ではありません。むしろ、「不当性」は自明なものとして、すでに共有されているものとして描いてしまうのです。そして、それは「同化メッセージの読み取り」さえできれば、ほぼ自動的に達成されるのではないかと私は考えています。(4)

別の言い方をすると、「同化メッセージの読み取り」に注意を集中しよう、その場で何が起こっているのかを理解できるようにしよう、そうすれば、「不当性」という論点を問題化することなく、差別は「無効化」できるのだ、ということです。

おそらくこの説明だけでは、何をいっているのかさっぱりわからないという人も多いかもしれません。このことは、具体的な方法（第3節以降）を読んでいただいたうえで、ぜひもう一度考えていただきたいと思います。

もうひとつの論点である、「同化メッセージの読み取り」は、右で説明したように、とても重要です。この「同化メッセージ」は、第2章で説明したように、あいまいな形で送られ、そしてあいまいであることによって「同化」という効果を持ちます。「わかる人にはわかる」メッセージを「わかる」ことによって「わかる人」（＝「われわれ」）に同化されてしまうのです。そのため、同化メッセージの読み取りには特殊な態度が必要になります。その態度を十分整理された形で示すのは難しいですが、注意すべきポイントをいくつか列挙してみましょう。

●メッセージの内容を見るのではなく、メッセージを送る行為を見る
●他者を見るのではなく、他者化する行為を見る
●「壁」を見るのではなく、「壁」を作り出す行為を見る
●省略されたメッセージを補うのではなく、省略されていることを見る

もちろん、こんな標語のようなものを覚えただけで、すぐに同化メッセージが読み取れるわけではありません。そこで、次節以降では差別論のアプローチの具体的なプランを説明していきたいと思います。

3 偏見理論からの脱却

「同化メッセージ」の読み取りを困難にしている最大の理由は偏見理論であると、私は考えています。だれかの発言や行為を「差別」であると感じたとき、それが偏見理論の枠組みで理解されることにより、その人（差別者）の「心」に問題があるのだ、差別者の被差別者についての認識がおかしいのだ、そして、もし差別だと理解した人が被差別者ならば自分と差別者との関係（だけ）が問題であると考え、そうでないなら、自分には（直接）関係ないことだと思ってしまう。このような認識ができあがってしまえば、「同化メッセージ」を読み取る可能性はなくなってしまいます。

そのため、まずやらねばならないことは、偏見理論を批判し、そのような認識枠組みを捨て去ることだと思います。

といっても、偏見理論は人々の差別についての常識的な認識としてしっかり根づいているものだと思いますし、教育・啓発などによって再生産され続けていると思います。

そのため、まずは教育・啓発などに携わっている方々に、本書で問題提起したことをしっかりと受け止めて考えていただきたいと思います。それはおそらく簡単なことではないでしょうが、今あるものをすべて捨て去らねばならないということではありません。「人権」という概念やそれに基づいた具体的な問題の理解は、これまでどおり重視されねばなりません（人権論の課題）。問題は人権侵害が偏見や差別意識によって引き起こされるのではないということをはっきりさせ、差別が起こる仕組みを考えるためには、あるいは差別行為をなくしていくためには、別の考え方（差別論）が必要なのだということがわかればいいのです。

しかし、偏見理論からの脱却というのは、そう簡単に達成できることではないだろうと思います。また、偏見理論を批判するにしても、それに代わる方法論を具体的に示さねばなりません。もちろん、そのプランはあります。次の節からは差別論による「差別の無効化」の戦略を提案することにしましょう。

4 行為の対象化

まず、ひとつの事例を紹介したいと思います。これは私（筆者）自身の経験です。おそらく中学生のときのことではなかったかと思いますが、確信はありません。かなり昔のことで記憶もあいまいですので、部分的には現在の私の創作であるかもしれません。

私のクラスで、あるとき第2章で説明したような「バイキン遊び」が始まりました。休み時間だったのでしょうか、教室の中には多くの生徒がいて、そこでの出来事でした。それがどのように始まったものなのかは記憶になく、もしかしたら私はその「バイキン遊び」の始まりを見ていなかったのかもしれません。とにかく気がついたときにはそれは始まっていました。そこでの「バイキン」は特定の生徒への接触を意味するものでした。「バイキン」になんらかの名前がつけられていたのかどうかは覚えていませんが、少なくとも私は、そしておそらくクラスの全員が、だれのことなのかはわかっていました。

それは「遊び」として行われていましたが、（その子を除く）全員が楽しんでいたわけではありません。なかには「そんな遊びはおもしろくないけど、仕方ないから付き合ってあげる」といった態度をとる人もいたと思います。しかし、「バイキン」をつけられてもそれを別の人につけ返さないという行動をとる人は、一人も現れませんでした。残念ながら私も「バイキン」をほかの人に回してしまった一人であり、その意味で「バイキン遊び」に抵抗することはできなかったのです。

その「バイキン遊び」がどれくらい続いたのかははっきりとは覚えていません。おそらく数分程度だったたか、そんなに長い時間ではなかったと思います。そして、それは唐突に終わってしまいます。クラスのなかのある生徒が、椅子の上に立ち上がって、「みんな、こんなこともうやめようぜ」(言葉はおそらく正確ではありません)と叫んだのです。

私はこれを聞いてショックを受けました。そして、とても恥ずかしくなりました。そう、それが「こんなこと」であることを私は「知っていた」のです。そして、同じように感じたのは私だけではなかったようです。「私たち」は「こんなこと」ということの意味を「知っていた」のです。

この「やめようぜ」という発言によって、「バイキン遊び」は一瞬にして消えてなくなりました。そして、私が知る限りは(少なくともクラス全体を巻き込むものとしては)二度と行われることはありませんでした。(5)

こういった出来事は、おそらく特殊なことではなく、あちこちで日常的に起こっていることではないかと思います。子どもたちのある種の規範意識がまだ生きていたために、いじめとして深刻な事態にはならなかった。ただそれだけのことなのかもしれません。しかし、「こんなこともうやめようぜ」という単純な言葉には、学ばなければならないことがいくつもあるように思うのです。

この事例を理解するカギは「こんなこと」という言葉にあります。私は「こんなこと」とは何かを知っていた、と感じました。そしてほかの多くの人もまたそう感じたのだろうと思います。それでは「こんなこと」とはいったいどんなことなのでしょうか。ある人は、「こんな（悪い）こと」だと理解したかもしれません。あるいは、「こんな（くだらない）こと」だったかもしれないし、「こんな（恥ずかしい）こと」かもしれません。さらには、カッコの中に埋めるべき言葉を見出せなかった人もいるでしょう。(6)このように、カッコの中の言葉、これはすなわち「やめるべき理由」なのですが、それは「こんなこともうやめようぜ」という表現のなかでは語られておらず、それを聞いた人それぞれが埋めていったのだと考えられます。

もうおわかりかと思いますが、これは「同化メッセージ」と同様の、あいまいさを持った、情報を省略した表現です。「こんなことやめようぜ」という表現は、「やめるべき理由」を省略した表現であり、そして情報の省略によって、それを当然みんなが知っているはずのことだとして提示したのです。そのため、この一言は、一瞬にして「こんなこと」とは何かを知っている「われわれ」を作り出したのです。

「こんなことやめようぜ」という言葉は、漠然とした、あいまいな表現ですが、実はそのあいまいさによって、大きな力を持ちえたのだと思います。

しかし、あたりまえのことですが、どんな場合でも「こんなことやめよう」とさえいえばいじめが

（あるいは差別が）なくなるわけではありません。そこで、この表現が成功した理由、あるいは条件を考えてみましょう。

「こんなこと」が理解されたのは、単に情報が省略されたからだけではありません。「こんなこと」といわれる前からみんなは「何か」を知っていたし、「何か」を感じていたのです。

まず「感じていたこと」は、「罪悪感」ないしは「違和感」[7]でしょう。私はこのときある種の罪悪感のようなものを感じていたように思います。しかし一方では、なぜその子が「バイキン」なのかということを「知って」いたし[8]、自分が「バイキン」をつけられたときにどうするべきなのかということも「知って」いました。

一方ではそれが「ひどいこと」だと感じ、また一方では「バイキン遊び」のルールを知っており、そこから抜け出せない（「バイキン」という意味づけが「われわれ」のものだからです）。そのギャップが、「違和感」とでもいうべき感覚をもたらしていたのだと思います。

「こんなことやめよう」という発言は、この「違和感」を解消するひとつの方法を提供したのです。すなわち、間違っているのは「バイキン遊び」の方なのだ。だからそれをやめるべきだし、やめれば「違和感」は解消するのだ、と。しかし、そんなあたりまえのことを、私を含めたほかのだれもが気づかず、「こんなことやめよう」といわれてようやく気づいたのはなぜでしょうか。それは「知っている」というときの「知り方」が「こんなことやめよう」という発言の前後で変化したからです。

「こんなことやめよう」という言葉が指し示していたのは、「バイキン遊び」であり、「バイキン遊び」のルール（それはその子を「バイキン」であると記号化することを含んでいます）です。「バイキン遊び」が成立していたという事実が、みんながそのルールを「知っていた」ことを示しています。だからこそ、「こんなこと」とは何かをみんな「知っていた」のです。しかし、最初の「知っていた」というのは、ただそのルールに従って行動できるという意味での「知っていた」です。ルールそれ自体が意識されていた（見えていた）わけではありません。その時点で見えていたのはある子が「バイキン」である、すなわち「汚い」などの意味を持っているということだけです。ルールは「知っている」が「見えていない」のです。「こんなこと」という言葉は、このように「見えていない」ルールを見えるようにするための手続きなのです。それはあらかじめ「知られていた」ことなので「こんなこと」というあいまいな言葉で十分なのですが、それを指し示すことによって、初めて「見える」ようになるのです。

このように「知っている」けど「見えていなかった」行為（の意味、あるいはルール）を「見える」ようにする手続きを、「行為の対象化」と呼ぶことにします。これに対して、行為は「知られている」が「見えて」おらず、「他者」（この場合、「バイキン」ないしは「バイキン」として意味づけられた子）だけが見えている状態を「他者の対象化」(9)（他者が対象化された状態）と呼びます。

「行為の対象化」と「他者の対象化」は、それぞれ「対象化」されたものをともに認識する「われわれ」を作り出します。この例の場合では、「こんなこと」とは何かを知っている「われわれ」、「バイキン」とは何かを知っている「われわれ」です。そして、「他者の対象化」から「行為の対象化」への転換、すなわち「バイキン」を他者として対象化する「われわれ」から、「こんなこと」を対象化する「われわれ」への転換こそが、「こんなことやめよう」という発言が持つ効果の核心なのです。「行為の対象化」が持つ意味を考えるために、もし、「こんなことやめようぜ」という言い方ではない、別の言葉が使われた場合にどうなるのかを考えてみましょう。

たとえば、「〇〇（「バイキン」とされた子）がかわいそうじゃないか」といった場合はどうなるでしょうか。この言葉は、「違和感」を解消する方法を指示するものではありません。「かわいそう」だということは、みんなはどこかでわかっているのです。「かわいそう」だけど、「バイキン」という記号は「われわれ」のものだという矛盾に「違和感」を感じているわけですから、「かわいそう」だといわれるだけではどうすればいいのかはわからないのです。むしろ、「かわいそう」だと口に出してしまうことは、「違和感」をよりはっきりと認識させることでしかありません。そして、「違和感」を解消する方法はひとつではないのです。

「違和感」を解消するもうひとつの方法、それは自分の感覚を「バイキン」という記号と一致させてしまうということです。「〇〇は汚いのだ。それは自分自身がそう感じているのだ。私は〇〇を本当に避けたいと思っているのだ」。このように思い込むことです。「汚い」などと思い込むためにさまざまな「証拠」が動員されます。「あんなところが汚い」「こんなところが汚い」（これは相互作用のなかで増幅されていきます）。こうなってしまうと、もはや「バイキン遊び」は「遊び」ではなくなってしまいます。「遊び」として避けているのではなく、「本当に」避けているのだという意味づけがその場を支配してしまいます。「違和感」は（表面上）消失し、「他者」と「われわれ」という構図がより強力にその場を支配するようになってしまいます。

おそらくは、こういったことが、いじめが深刻化するプロセスのひとつなのだと思います。「○○がかわいそうだ」という言い方は、必ずしも必然的にこのようなプロセスを引き起こすものではありませんが、他者を対象化する言説であるため、少なくともいじめを深刻化させるきっかけとなる可能性を持つということはできるでしょう。「行為の対象化」という方法は、このような可能性を阻止するという意味においても非常に重要なのです。

この事例において「行為の対象化」が成功した理由・条件をもう少し詳しく考えてみましょう。

まずひとつは、「バイキン遊び」が「遊び」であったということです。「遊び」であるがゆえに、「遊び」という文脈で「バイキン」という意味づけをすることと、自分自身はその子に対してそれほど嫌だとは思っていないという感覚の間にズレが生じ、「違和感」が生まれるのです。そして、「遊び」であるためにその「ルール」は比較的認識しやすく、「こんなこと」という言葉だけで指し示すことができてしまうのです。もし「バイキン遊び」が、もう「遊び」とは思えない状態にまで進行してしまえば、「こんなこと」という言葉だけで「ルール」を指し示すことはできないでしょう。

また、その「遊び」は「われわれ」にとっての意味なのだということも重要です。もし、「こんなこと」ではなく、たとえば「これはいじめだからやめよう」といった場合はどうでしょうか。もちろんそういう言い方でもなんらかの効果が得られる可能性はありますが、「いじめ」という言葉と「遊び」（のルール）がうまく結びつけられるかどうかは、定かではありません。いじめであると指摘して、みんなは「そう、確かに私たちはそれがいじめだと知っていたのだ」と思えるでしょうか。いじめであることは、必ずしも初めから「知られて」いたこととは限らないのです。すなわち、「われわれ」が（ルールに基づいて行動できるという意味での）「知っていた」こと、それ自体を指摘して（対象化して）「見える」ようにすることが必要なのです。

最後にもうひとつ、これまでまったく触れていなかった条件を指摘しておきます。それは、「こんなことやめようぜ」という発言が、みんなが聞こえるように、みんなに向かって叫ばれたということです。なぜそのことが重要なのかは、もしそれが一人だけに向けて（ほかの人には聞こえないように）ささやかれたものだとしたらどうだったのかを考えればわかると思います。その場合は、ささやかれた人は「こんなこと」を「知った」のですが、それは「私は知っている」ということにすぎず、「われわれ」は「知っている」という認識にはなりません。そして、「私は知っている」ということをいくら集めたとしても「われわれは知っている」ということにはならないのです。必要なのは、「こんなこと」とは何かを「私は知っている」し、「ほかの人が知っている」ことも「私は知っている」ということなのです。すなわち、一度にみんなに向かって叫ぶということは、一人ひとりに対して言ったということだけでなく、ほかの人にも同じメッセージを送っていることを一人ひとりに対して示したという意味を持つのです。そのことによって初めて「行為を対象化するわれわれ」を作ることができるのです。

ひとつの事例について、長々と説明してきましたが、これでようやく、「こんなことやめようぜ」という言い方を一般化し、「差別の無効化」の戦略を立てる準備ができたのではないかと思います。次の節において、私なりの答えを提示してみることにしましょう。

5 差別行為の「ワクチン」化

前節で説明してきたことを整理してみましょう。

まず、基本的な戦略は「（差別）行為の対象化」です。これは、もともと「知っていた」が「見えていない」行為（ルール）を「見える」ようにすることです。重要なことは「もともと知っていた」という点です。単に「差別行為だ」と指摘するだけではだめなのです。

もうひとつのポイントは、あいまいな表現であることと、同時に「全員」にメッセージが送られることによって、（差別）行為を対象化する「われわれ」を形成するのだということです。

それでは「行為の対象化」から考えてみましょう。先の事例の「バイキン遊び」においては、「こんなこと」という単純な言葉で「行為の対象化」が可能だったわけですが、多くの差別問題で同じようにできるわけではありません。それは「対象化」されるべき行為がもっと見えにくい、意識されにくいものだからです。しかし、いかなる差別においても、それが「排除」である限り、必ずどこかで同化メッセージは交換されているはずです。そして、さらに重要なことは、その同化メッセージを「差別者」と「共犯者」は「知っている」ということです。ここでの「知っている」というのは、そのメッセージを暗黙のうちに解釈し、「差別者」の（暗黙の）意図どおりに行動してしまう（認識を共有して「われわれ」を形成してしまう）という意味です。すなわち、「知っている」が「見えていない」状態にあるということです。だとすると、「知っている」ことを的確に指し示し、「見える」ようにすることで、原理的には「行為の対象化」は可能なのです。

そうであるならば、対応方法は実は簡単です。つまり、「知っている」ことを言葉に
し
て
し
ま
え
ばいいのです。言葉として表現するということは、それ自体がすでに「対象化」です。言葉として表現することによって、「見える」ようにしているわけです。

「知っていること」（それはある意味で「差別の仕方」です）を言葉として表現したもの、これを私は「ワ

クチン」と呼ぼうと思います。この「ワクチン」という言葉は、もちろんインフルエンザの予防などに使われる「ワクチン」のアナロジーです。

ここでいう「ワクチン」と、もともとの「ワクチン」という言葉は、いくつかの共通点があります。まず、それは個別的なものなのだという共通点があります。ある病原体に対するワクチンはほかの病原体には効果がありません。差別の無効化における「ワクチン」も基本的に同じです。特定の差別行為それぞれについて「ワクチン」が必要なのです。そして、「ワクチン」と「病原体」はもともと同じものなのだという点も共通しています（だからこそ個別にしか効かないわけです）。差別の無効化における「ワクチン」は、ある意味で「差別をするための知識」そのものです。それを言語化、対象化することによって、「無害化」しているわけです。(10)

「ワクチン」は、まず「違和感」を引き起こします。そしてその「違和感」は、場合によっては（そして「ワクチン」の作り方によっては）、「不当なことだ」というよりはっきりした認識になるかもしれません。それだけでも、「ワクチン」は有益なものだともいえるでしょうが、これは先ほどの「バイキン遊び」の例でいえば、「バイキン遊び」を「遊び」として認識できた、という段階にすぎません。つまり、だれかが「こんなことやめようぜ」といった言葉を発することによって、「ワクチン」をその場に持ち込まなくてはならないのです。これを「ワクチン」の「活性化」と呼びましょう。

効果的な「ワクチン」が作られており、なおかつ「ワクチン」がその場にいる人々にいきわたっていさえすれば、「活性化」は最小限の指示でことたります。「こんなこと」に類する言葉でいいかもしれませんし、極端にいうと、だれかが思わず発した「あっ」という、何かを理解したという信号だけで「活性化」が達成されてしまう場合さえ考えられます。むしろ最小限の指示である（情報が省略されている）ことにより、より効果的に「われわれ」を作ることができるのです。

難しいのは、「その場にいる人々にいきわたっていさえすれば」という条件の方です。これは、どうすればいきわたらせることができるのか、という問題ではありません（それも多少は関係がありますが）。どのようにして、その場にいきわたっている（はずだ）ということをその場の人々が知るのか、という問題なのです。私は「知っている」し、ほかの人も「知っている」。「われわれ」は「知っている」のだ。そういう認識によって、行為を対象化する「われわれ」を作ることができるのです。

このような考察から導かれる結論は、「ワクチン」は「集団接種」しなければならない、ということです。「集団接種」は、「集団」が特定されていればそれほど難しいことではありません（たとえば学校のあるクラスであるとか、特定の地域に特徴的に見られる差別行為であればその地域集団であるとか）。いっせいに知らせることによって、私は「知っている」しほかの人も「知っている」ことを私が「知っている」という状態を作りうるだろうからです。それ以上の範囲を想定するなら、現在の社会システムでは、公教育とマスメディアのみが、大規模な「集団接種」を可能にする手段だと思います。「公」教育と表現したのは、標準的なカリキュラムに組み込まれることによって、だれもが同じ知識を持っていることをだれもが「知っている」という状態を作ることができるからです。これは最も強力な手段だといえるでしょう。[11]

マスメディアは公教育ほどは強力でないものの、やはり「われわれ」の知識を作る効果を持ちます。それは、マスメディアが情報をいっせいに（多くの人に）送っているということを暗黙のうちに了解したうえで、メディアからの情報を受け取っているからです。だからこそ、放送された「ニュース」（たいがいどの局でも同じことを何度も報道しているし、そういうものだということを私たちは知っています）を「みんなが知っていること」として語ることが可能になるわけです。[12] マスメディアの持つこのような性質は、「ワクチン」を「集団接種」することを可能にします。

6 「ワクチン」の作り方

あらゆる差別行為は、適切な「ワクチン」を作り、それを「集団接種」し、そして活性化することによって無効化できる。これが本書の最終的な結論です。

あとは、実際に「ワクチン」を作っていく作業が、実践的な課題として残されているわけです。そこで、最後に、「ワクチン」を作っていくうえでの指針を、今現在わかっている範囲で紹介しておきたいと思います。

まず「ワクチン」なるものの具体例ですが、本書で紹介した事例の説明すべてが「ワクチン」だといえるでしょう。つまり、具体的な差別行為を言葉で説明したものはすべて、「ワクチン」としての意味を、一応は持っているということです。このあとの「事例編」では、もう少し強力な「ワクチン」を紹介したいと思います。

「ワクチン」を作るうえで最も重要なことは、具体的な状況のなかで使われる実践的な知識を記述するのだということです。たとえば「同和はこわい」という言葉であれば、それがどのような状況で、だれがだれに対して、どのような効果を狙って使うのか。そして、その言葉を使うことによって、どのような暗黙の知識が読み込まれ、どのように同化と他者化が引き起こされるのか。そういったことを言葉にしていく作業が「ワクチン」を作るということなのです。このように書けば難しいことのように見えると思いますが、実はこれは「あらかじめ知られていること」を記述する作業にすぎないのです。「同和はこわい」という言葉を使う人は、それをどういう状況で使えばいいのか、使うことによってどのような効果が得られるのかを「知って」いるはずなのです。「知っている」が「見えていない」ことを「見える」ようにすることが「ワクチン」の役割なのだということをもう一度強調しておきたいと思います。

もうひとつ、これもとても重要なことですが、「ワクチン」から「他者の対象化」の要素を極力取り除くということです。これは「ワクチン」に人権論的な視点、権利（侵害）の論理を持ち込まない、「他者」の被害に言及しない、ということです。これらが不用意に持ち込まれてしまうと、その「ワクチン」は「副作用」の恐れが出てきてしまいます。

これらの基本さえ押さえておけば、あとは相対的に瑣末なことでしかないと思います。むしろ、今私が余計な方向づけをしてしまうよりも、本書を読んだみなさんが自由な発想で、さまざまなタイプの「ワクチン」を考案していただく方が、より生産的なのかもしれないと思います。そこで、あともう少しだけ（発想を広げるための）「ヒント」のようなものをいくつか書いて、おしまいということにさせていただきたいと思います。

「ワクチン」の形式は、本当にいろんなものがあっていいと思います。たとえば「物語」という形式を持ったワクチンは有効なのではないかという気がしています。実際にどのようなものが可能なのかは私にはあまり想像ができないのですが、あくまでもひとつのヒントとして受け止めてください。

「ワクチン」には活性化するための「ラベル」がつけられていると便利だと思います。これはたとえば「あっ、これって〇〇だよね」といった具合に、短い言葉で参照できると使いやすいだろうということです。

「ワクチン」の有効範囲をどの程度に設定するのかということは、けっこう難しい問題かもしれません。「ワクチン」は基本的に個別的に効果を発揮するものですが、それでもある程度の有効範囲は持ちうるでしょう。有効範囲を狭くすればするほど、たぶん効き目は強いだろうと思いますが、「ワクチン」がたくさん必要になるので効率は悪くなるでしょう。しかしあまりに広い範囲を想定すると、抽象的になり、活性化させにくくなるかもしれません。このあたりも、まだ十分に考えを詰め切れていないところです。

最後に、「差別」という言葉について考えてみます。この「差別」という言葉は、本書で定義し、説明してきたように意味において理解される限り、この言葉自体が「ワクチン」としての効果を持ちうるはずなのだと思います。「差別」という言葉が発せられることによって、すぐさま三者関係モデルがその場に当てはめられ、確かに「同化メッセージ」が送られていると、その場にいる人々がすぐに理解できるようになれば、「差別」は最も包括的な「ワクチン」となる可能性を持っているのかもしれません。

しかし、現実には、「差別」という言葉に染みついた偏見理論的イメージは非常に根強く、それを一朝一夕に変えていけるとはとても思えません。だからこそ、私は個別的「ワクチン」を提案しているわけなのですが、将来的な課題としては、「差別」という言葉もある種の「ワクチン」として使えるように（それに代わる別の言葉があれば、それでもいいのですが）、「差別」のイメージの転換を図っていくべきではないでしょうか。

注

(1) 実は差別論でも差別の「告発」は行います。具体的な行為について、それを「差別」であると認定する時点で、「告発」としての意味を持ってしまうからです。しかし、差別論のアプローチによる「告発」(差別の認定)は「被害」を根拠にしたもの、すなわち権利論によるものではなく、客観的な認定に基づいて公的な措置をとることを目的にするのではありません。差別論の「告発」は、むしろ当事者(とりわけ共犯者)が差別を認識するためのものですので、(当事者さえ理解できれば)客観的に認定する必要はありません。

(2) すなわち、利害関係主導型差別行為の場合ということです。象徴的排除による同化主導型差別行為の場合は差別論のアプローチは比較的大きな効果を発揮できます。攻撃的排除の場合は、理論的には攻撃的排除に至る連鎖を断ち切ることによって対応可能ですが、「過剰な連鎖」を完全になくすことは難しいため、やはり限定的な効果しか持ちえないと思います。

(3) そもそも、なぜ男性の上司と女性の部下という(ひとつの)典型的なパターンが存在するのかという問題も、また別に考える必要があります。すなわち昇任に関する性差別が存在している可能性があるということです。

(4)「関係の不当性」を論証しようとする努力はもちろんなされるべきだと思います。しかし、それが終わらないと先に進めないわけではないということなのです。

(5) この経験は、数十年の間まったく思い出すことはなかったものなのですが、第2章の補論で紹介した赤坂氏のいじめに関する体験を読むことによって、記憶が呼び覚まされました。赤坂氏が自分の体験を語るという勇気ある決断をされたことに感謝したいと思います。

(6) このように、多様な解釈が考えられるということは、富山大学人文学部二〇〇四年度後期の社会学特殊講義という授業での学生のコメントで指摘されたことです。よくできていると思ったのでほぼそのまま使わせていただきました。

(7) この「違和感」という表現も、注(6)と同じ授業での学生のコメントで使われた言葉を採用させていただきました。

（8）これは同化メッセージのあいまいさを私が自ら補ったことによって得られた認識です。「バイキン」をつけ合うという行為それ自体には、なぜ「バイキン」なのかという理由は省略されており、それをつけられた人それぞれが「こういう理由で『バイキン』なのだ」と解釈することによって、その子を「バイキン」として記号化する「われわれ」を作り出していたのです。

（9）「他者の対象化」と「他者化」という言葉はほとんど同じ意味です。これは「行為の対象化」という言葉との対比がわかりやすいように、あえて別の言葉を使っているだけなのです。

（10）完全に「無害化」されているという保証は必ずしも一〇〇％あるとはいえないという点も、もともとの「ワクチン」と似ているかもしれません。これは具体的な「ワクチン」の作り方の問題だと思います。

（11）しかし、強力であるだけに、「副作用」がある場合の問題も深刻です。「ワクチン」の作り方と「集団接種」は慎重であらねばならないと思います。

（12）マスメディアのこのような性質については、本当はもっときちんと説明しなくてはならないのですが、残念ながらまだその準備ができていません。これは今後の課題ということにさせてください。

第2部 事例編

第5章 小説のなかの差別表現
——筒井康隆「無人警察」

本章は、一九九六年に書いた論文（佐藤裕、一九九六「『差別表現』を考える—差別—被差別関係の『ねじれ』と他者化」、栗原彬編『講座差別の社会学1　差別の社会理論』弘文堂）の再録です。

本書の理論編で提示したほかの部分とは言葉の使い方や説明の仕方が一部異なっていますが、やや異なる角度からの説明があった方が本書の主張が理解しやすくなる可能性もあるという判断から、そのまま掲載することにしました。

本書のほかの部分の説明と齟齬をきたす点は、本章の最後で簡単に説明したいと思います。

1 はじめに

「差別表現」あるいは「差別語」をめぐる問題は、近年マスコミでも大きく取り上げられ、さまざまな立場の論者によって活発な議論が繰り広げられてきました。特に、筒井康隆氏の小説「無人警察」については、筒井氏の「断筆宣言」をきっかけに議論が沸騰し、非常に多くの人が意見を表明しています。

これまでの議論の多くは、（差別）表現の規制の是非やその方法、差別への抗議のあり方やマスコミの対応など、どちらかといえば二次的な問題に終始し、発端となった小説そのものの評価は十分行われてこなかったように思えます。(1)

このように具体的な表現内容についての議論が十分に展開されなかった原因は、「無人警察」における表現の意図と、その小説が差別表現であるか否かが切り離されてしまったことにあると思います。差別であると告発された表現が小説の主題とどのように関わっているかは、まったくといっていいほど論じられてきませんでした。

しかし、私は差別表現は表現の意図と関連づけて捉える必要があると考えています。表現者がなぜそのような表現をあえて用いるのかが解明されてこそ、差別に抗する有効な戦略が組みうるはずだからです。

もちろん表現者の意図があいまいであったり、くみ取ることが困難な「差別表現」もありますが、小説「無人警察」は意図を読み取りやすく、しかも比較的単純な構造を持っており、その意味において典型的な「差別表現」であると私は考えています。そこで、本章では小説「無人警察」を題材として分析することによって、「差別表現」に関する理論の発展に寄与したいと思います。

2 筒井康隆「無人警察」をめぐる議論に見られる「差別表現」観

(1)「無人警察」とそれをめぐる評価

まず最初に小説「無人警察」の大まかなストーリーと問題になった箇所を紹介しておきましょう。「無人警察」は二〇枚に満たない(文庫判では一一ページ)大変短い小説です。舞台はエア・カーやロボットなどお馴染みのSFアイテムが町にあふれる未来社会で、登場人物は(ロボット巡査以外は)主人公の「わたし」だけです。物語は「わたし」によって一人称で語られます。

最初は「わたし」が出勤途上に出会う未来社会の様子が描写されます。安価でだれもが乗っているエア・カー、汚れた空気を処理する「下気道」、酸素供給装置。そのなかで「わたし」はその社会を肯定的に評価していることが示されます。

これらの描写に続いて、「わたし」はロボット巡査と出会います。問題となった箇所のひとつめはこのロボット巡査についての描写です。少し長めに引用しておきましょう。

四つ辻まで来て、わたしはふと、町かどの街路樹にもたれるようにして立っている交通巡査に目をとめた。もちろん、ロボットである。小型の電子頭脳のほかに、速度検査機、アルコール摂取量探知機、脳波測定器なども内蔵している。歩行者がほとんどいないから、この巡査ロボットは、車の交通違反を発見する機能だけをそなえている。速度検査機は速度違反、アルコール摂取量探知機は飲酒運転を取り締まるための装置だ。また、てんかんを起こすおそれのある者が運転していると危険だから、脳波測定器で運転者の脳波を検査する。異常波を出している者は、発作を起こす前に病院へ収容されるのである。(2)

そのロボットはよく見ると新型のロボットであり、新しい機能を持っていることを「わたし」は思い出します。このくだりが問題になったもうひとつの箇所です。

「そうだ。この新型は、歩行者の取り締まりもできるのだっけ」

私はまた思い出した。

でも、わたしはてんかんではないはずだし、もちろん酒も飲んでいない。何も悪いことをした覚えもないのだ。

このロボットは罪悪感による「思考波の乱れ」を検知して、その人を警察に連行するのですが、「わたし」はやはり「身に覚えなんか何ひとつ」ありません。しかし、ロボット巡査は「わたし」に向かって歩いてきます。

このあたりから小説の記述は「わたし」の自問自答になります。自分は何か悪いことをしたのだろうか。いや、そんなおぼえはない。もしかしたらこのロボットは超能力を持っていて心の中まで見抜くのかもしれない。しかし、それでも法律をやぶったと言えるほどのことはしていない。ロボット巡査を見たときに嫌な存在だと思ったのが悪かったのか？　ロボットへの賞賛を心の中で思い続けても事態は変わりません。「わたし」は周囲の目に恥ずかしい思いをしながらロボットに追い立てられ、警察署に向かいます。

警察に着いた「わたし」は「自分は何も悪いことをしていないのに連行された」と取調官に食ってかかります。そこでロボット巡査の「記憶リーダー」を調べてみると、ロボットは「わたし」の潜在意識にあったロボットへの反感を検知したために「わたし」を連行したということがわかるのです。

これに激高した「わたし」は「プライバシーの侵害だ」「越権行為だ」「ロボットなど、たたき壊してしまえ！」とどなりちらすと、取調官は「ロボットの悪口を言うのはやめろ！」と「わたし」の胸ぐらをすごい力でつかみます。実は取調官もロボットだったのです。そして、取調官ロボットのコントローラーを持って現れた刑事も「わたし」にはどことなく、ロボットくさく感じられてしまうのです。

この小説が書かれたのは一九六五年ですが、これが問題にされるのは、角川書店発行の高校一年の教科書『国語Ⅰ』への収録が決まってからです。マスコミを舞台にした議論の発端は小説の掲載を知った日本てんかん協会が記者会見を開いて発表した声明です。これに対して、角川書店はてんかん協会の要求をはねつけ、筒井康隆氏もほぼ同じ趣旨の「覚書」を出版社や新聞社などに送りました。

私の見解では、この時点で「無人警察」そのものの「差別性」に関する論点はおおむね出尽くしています。

まず日本てんかん協会、角川書店、筒井康隆氏の（この時点での）小説の評価にかかわる主張をまとめてみましょう。

●日本てんかん協会の抗議(3)

(a)てんかんをもつ人々の人権を無視した表現で、てんかんを取り締まりの対象としてのみ扱われている。

(b)てんかんが悪者扱いされている。

(c)てんかんをもつ人々の自動車運転について時代遅れの考えを述べている。てんかんをもつ人の自動車運転が認められるようになってきているという世界の趨勢に逆行し、てんかんに対する差別や偏見を助長する。

(d)てんかんと脳波の関係について医学的にも間違った説明を行っている。

(e)てんかんをもつ高校生や、近親者にてんかんをもつ人がいる高校生を傷つける表現である。

●筒井康隆氏の対応(4)

(a)この作品でてんかんをもつ人を差別する意図はなかった。

(b)てんかんを運転に適性を欠く者としての取り締まりの対象と限定して書いている(運転はしてはいけないが、それはその人の人格評価などとは無関係であると考える)。

(c)てんかんを持つ人に運転をさせることには反対。

(d)「悪いこと」はてんかんを指しているのではない。

（e）ブラックユーモアは必ず誰かを傷つけてしまう表現形式である。

●角川書店の対応(5)

（a）「無人警察」は人間がロボットに潜在意識まで探られてしまう結末から、文明とは何か、人間のアイデンティティとは何かを問いかけている作品である。このような読み取りに立脚して初めて議論ができる。

（b）現代の日本ではその是非はともかくてんかんは運転免許の欠格事由になっており、この近未来小説でもその設定を使っている。医学・福祉の側面からてんかんについて啓蒙していく必要は感じるが、ここでそれをやると小説が壊れ、文学作品としての体をなしえない。

（c）「てんかんが悪者扱いされている」との批判は「誤読」。

（d）現在も脳波検査はてんかんの診断の有力な手段として用いられている以上、本文の記述は誤りとはいえない。

(2) 三つの「差別表現」観

右に挙げたそれぞれの主張を分析すると、その背景にはある表現が差別表現であるかどうか（あるいは「不適切」な表現かどうか）を判断する基準が存在していることがわかります。さらに、この基準は、

「差別表現」についての特定のイメージと結びついています。このようなイメージ――「差別表現」観――はおよそ次の三つに集約できるでしょう。

●被差別者を傷つける表現

日本てんかん協会の主張の（e）は、差別表現を告発する際にはよく用いられる論理に基づいています。すなわち「差別表現は被差別者を傷つける表現である」という論理です。日本てんかん協会の（a）や（b）も一部はこの論理に基づいていると考えられるでしょう。

●悪意ある表現

一方、筒井康隆氏と角川書店が真っ先に挙げているのはてんかん者についての記述や小説全体のテーマにかかわる「表現の意図」です。この背景には「差別表現は差別を意図する（悪意に基づく）表現である」という認識が見えます。これを逆転させると、「差別の意図（偏見／差別意識）が表面化したのが差別表現である」という認識にも通じます。

●偏見を助長する表現

日本てんかん協会の主張の（c）と（d）は共通した要素を持っています。すなわち、誤った記述や時代遅れの記述が不適切なのは、それが読者である高校生に伝えられることによって偏見を助長するからなのです。また「差別を助長する」という表現も日本てんかん協会の声明文には見られますが、これも「差別表現→偏見→差別」という図式を想定してのことだと思います。「差別表現とは偏見を助長する表現である」という認識はほかにも数多く見られます。

偏見を助長するのが「悪い」のは、それによって被差別者に不利益を与えるためです。だとすると、そこには「偏見が差別行為などを媒介にして差別となって現れる」という認識が背景にあることがわかります。

3 差別論の問題点

しかしながら、私は右に挙げたような「差別表現」観は、それぞれに問題点を持っていると思います。そして、その問題点は、単に「差別表現」に関してだけではなく、差別問題についての理論——差別論が持っている問題点だと私は考えています。

（1）「被差別」の論理

「被差別者を傷つける」という表現に典型的に現れているように、ある表現を「差別表現」だとする論理、「差別表現」は規制されるべきとする論理は、すべてある種の表現が被差別者に「被害」を与える、という論理に支えられています。実際このような論理は、差別問題の社会的解決のために有効な、（現在においては）ほぼ唯一の論理でしょう。

もちろん「被害」の認定には困難な点がいくつかありますが、[6] 具体的な問題において必ずしも社会的に解決不可能なことではありません。現実的には「当事者」の立場を代表するような組織が設けられたり、そのような組織と表現者との間で「対話の場」が設けられることもあるでしょう。「無人警察」をめぐる議論でも、オープンな議論、あるいは表現者と告発者の直接の討論を求める意見は多数見られましたし、[7] それは日本てんかん協会と筒井康隆氏の往復書簡という形で実現し、両者の間の「合意」を達成するに至りました。筒井氏は「無人警察」がいじめを引き起こす可能性を認め、そのことを理由に小説の教科書からの削除を求めることに合意し、これをもって一応の「決着」を見たわけです。[8]

このような経緯を見ると、差別表現をめぐる議論は、その表現による「被害」（の可能性）のみを論点にしてなされることが生産的であるように思えます。「無人警察」をめぐる議論も、最初から「教科書問題」として限定し、それを高校生に強制的に読ませることによってどのような影響を及ぼすのか、という論点に絞って議論がなされれば、もっと早く決着がついていたかもしれません。

しかし、実際には事態はそのような経過をたどりませんでした。筒井康隆氏はいきなり「断筆」という思い切った行動に出たわけだし、マスコミ関係者や作家などの対応にはいささか感情的なものも見受けられました。

このような、「過剰な」反応が見られた原因は、「被差別」の論理が必然的に帰結する差別（表現）行為のイメージにあります。

差別を被差別者の「被害」によって特定する限り、差別（表現）行為は「被害を帰結する行為」、被差別者に対する（意識的な、あるいは無意識の）「攻撃」として捉えざるをえません。そしてさらに、「攻撃」のイメージはそれを行った者のイメージも決定づけてしまいます。

「攻撃」のイメージは、それが生じた原因についての説明の違いによって、いくつかのバリエーションがあります。先に挙げた「差別表現観」の二つめと三つめはいずれもこの「説明」にかかわるものです。

(2) 悪意の差別論

最も単純な考え方は、「攻撃」は意図的に起こされたのだとする見方です。ある属性を持った人々や集団に対して、「悪意」を持っている者が、攻撃の意図を持って差別をするという大変わかりやすい「説明」です。

筒井康隆氏は差別についてこのような認識を持っているように思います。日本てんかん協会の抗議に対する最初の対応（筒井、一九九三ａ）でまず最初に「この作品において、小生がてんかんを持つ人を差別する意図はなかったことを申しておきます」と述べ、子どもの頃にてんかんを持つ友人がいたことを付け加えるなど（そのあとで「一応無関係のこととして考えねばならないでしょう」とは書いていますが）、「意図」についての弁明が真っ先にきていることからもそれがうかがわれます。また、「合意」が得られた時点でも「無人警察」が「差別表現」あるいは「差別を助長する表現」であるとも認めていないのは、やはり侮辱や攻撃の意図がないという認識に関連しているのでしょう。(9)

差別が「悪意」によるものだという認識は、筒井氏だけの特殊な認識ではなく、かなり広く流布したイメージだと思います。もちろん筒井氏もほかの多くの人々も、差別（の被害）が必ずしも意図的な行為によってのみ引き起こされるとは限らないことは、知ってはいるでしょう。それでも典型的な差別は「悪人」である差別者が引き起こすものだというイメージがかなり強固に存在していると思います。

このようなイメージは、差別告発に対する非常に強い感情的反発を招くひとつの原因になっています。「あなたは差別をしている」という告発は，人間性を根本から疑われかねないぐらいの強い意味を持ってしまうがゆえに、告発された者も必死になって防戦しなくてはならなくなるのです。

(3) 偏見と差別意識の理論

「悪意の差別論」をもう少し洗練したものが偏見や差別意識の理論です。一口に偏見・差別意識といってもさまざまな考え方がありますが、差別をする側の被差別者に対する認識に焦点を当てた理論という点は共通しています(したがって「悪意」もこれに含むことができます)。「悪意の差別論」と異なるのは、偏見や差別意識が容易に拡散していく性質を持ち、(程度の差はあれ)マジョリティ集団にかなり広く共有されていると考える点です。すなわち、特定の「悪人」が差別をするのではなく、かなり多くの人が(場合によってはすべての人が)心の中に持っている偏見や差別意識によって差別をしてしまう可能性を持っていると考えるのです。

しかし、いくら多くの人が持っているとはいえ、そのことによって偏見や差別意識の持ち主が「悪人」だというイメージはなくなりはしません。むしろ、偏見や差別意識は、心の奥底に無意識のうちに存在しているというような含意を持つことがあるので、場合によっては「悪意の差別論」以上に被告発者に与える動揺は大きいでしょう。

偏見や差別意識については、もうひとつ指摘しておかなければならない点があります。偏見や差別意識の内容は一口でいうと被差別者についてのなんらかのマイナスイメージです。能力や人間性が劣っているというイメージや、自分と敵対する者であるというイメージ、あるいは漠然とした不快感や忌避感情なども含まれます。重要なことは、これらがいずれも「被差別者についての」

イメージや感情であるということです。

これは偏見や差別意識を被差別者に対する「攻撃」の原因と考える限り当然のことです。しかし、私はこの点に偏見や差別意識に関する理論の大きな問題点があると考えています。これについてはあとで詳しく述べることにします。

4 差別問題の「ねじれ」構造

以上のような考察から、差別（表現）に対する告発が紛糾する典型的なパターンとその原因を抽出することができます。

被差別者による差別（表現）の告発は、被害やその可能性だけでなく、差別だとされる行為が行われた原因についての認識を含んでいるように受け止められます。すなわち被告発者が「差別者＝悪人」であるとか、偏見や差別意識の持ち主であるという認識です。これは、告発そのものに明示的に含まれていることもあるでしょうが、そうでないケースもあります。「無人警察」の場合、日本てんかん協会の抗議文にはそのような表現はありませんでしたが、少なくとも筒井氏はそのような受け止め方をしているように思います。これに対して、被告発者は自分が悪意を持っていたとは思わないし、

「心の奥底の差別意識」といわれると心許ないが、やはりないと信じたい。第一それは被差別者を意識して、被差別者に対して書いたりいったりしたことではないのです。いってみれば予想もしない方角から「いちゃもん」をつけられたように感じてしまうのです。

また、「『被差別者についての否定的イメージ』を含んでいると言われるが、それは受け止め方の問題である。表現の意図とはあまり関係のない細部にすぎない。被差別者やその属性を示す言葉を使ったかもしれないが、それは単に引き合いに出しただけだ。そんなに細かいことにいちいち文句を付けられてはきりがない」というように感じてしまいます。

告発された表現者がこのように感じてしまうことには理由があります。それは表現者が表現を通じて取り結ぼうとしている関係性と、被差別者が告発する関係性が「ねじれ」ているためです。

表現者にとって告発された表現は、被差別者に向けられたものではないし、被差別者を主題にしたものでもありません。想定された読者には被差別者が含まれているかもしれませんが、それは意識されることがありません。表現のなかに現れる被差別者はあくまでもあるイメージを喚起するためだけに引き合いに出されるにすぎません（図1）。

しかし、被差別者にとってその表現はまさに自分たちを指し示すものだと受け取られます。少なくともある部分だけは自分たちに対して向けられた表現であると受け取るのです。現在の差別論は先に述べたような「被差別」の論理によって構成されており、差別は被差別者に対して向けられた行為であると捉えますので、図2のような構造のみを取り出して、それを差別であると告発することになります。

ここに「ねじれ」の構造ができあがるのです。

図1のようなリアリティを持つ表現者にとって図2のようなリアリティを前提にした告発は容易には理解しがたく、受け入れることが困難です。

いうなれば、表現者は被差別者の方を向いているのではなく、別の方角を見て書いたりいったりしているのです。図3のように、表現者自身がイメージする表現者の「視線」と、被差別者が想定する、あるいは要請する表現者の「視線」は「ねじれ」てしまっているのです。

私は、このような「ねじれ」構造は差別問題にとって非常に根本的な問題であると思います。「差別」が認識されにくかったり、解決が困難であることの原因の多くは、このような「ねじれ」構造にあると考えているのです。

しかし、現在の差別に関する理論枠組みではこのような「ねじれ」構造を把握することはできません。それは、現在の理論枠組みが、「差別―被差別」という二者関係で差別問題を捉えようとしているからです。確かに差別の告発を起点として、被差別者の側から差別問題を捉えれば、そこには差別をした者とされた者しか存在しません。しかし差別を告発された者から見れば、告発者は自分と自分が受け手として想定していた人々や表現の主題との間に割り込んできた第三者なのです。

二者関係で差別問題を把握する枠組みでは、表現全体の主題と差別だとされる表現を関連づけて捉えることができません。それはすなわち、そのような表現が用いられた理由を、「悪意」や「偏見」以外から説明することができない、ということです。

そのため、差別を二者関係ではなく、三者関係として把握するための枠組みが必要となります。私はすでに三者関係枠組みに基づいた差別論の提案をしていますが、ここではその詳細には触れずに、差別表現に絞り、「無人警察」を題材にして具体的に議論を進めましょう。(10)

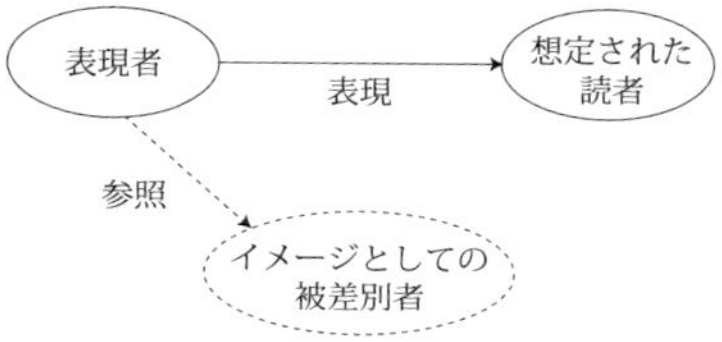

図1

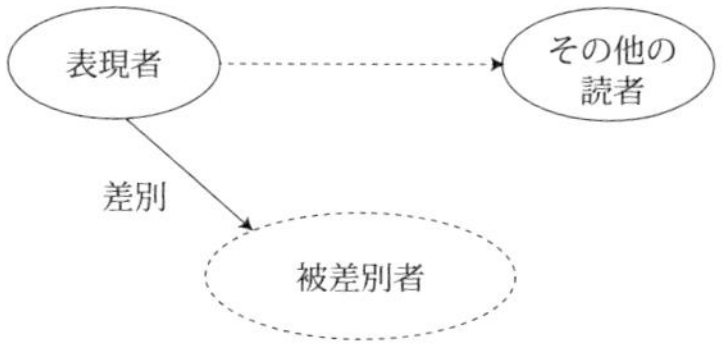

図2

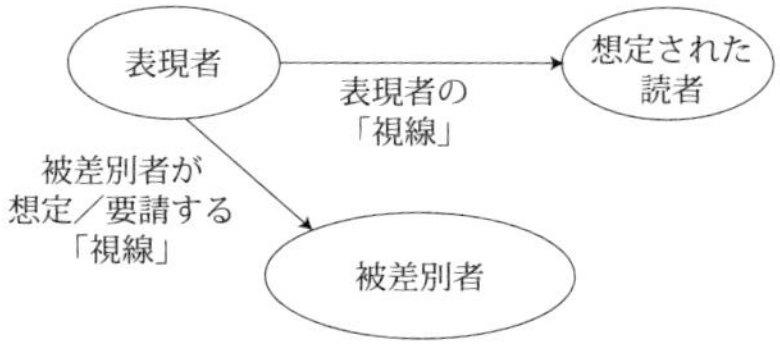

図3

5 「無人警察」における「てんかん」の意味

三者関係枠組を用いて「差別表現」の分析をするうえで必要なことは、「読者」を視野に入れることです。作者が「読者」をどのように想定し、どのように作品世界に引き込もうとしているのか、そして、その際に被差別者にかかわる表現をどのように用いているかが考慮されねばなりません。

それでは、まず「無人警察」の構成をもう一度振り返ってみましょう。

「無人警察」の主題は、(近)未来における管理社会の恐ろしさを描くことにあります。「無人警察」では、これを一人の人物が理不尽な目にあう様を描いて読者に示そうとしています。この作品が読者に対して訴えかける力を持つためには、いくつかクリアしなければならない条件があります。まず、主人公はどこにでもいるごく普通の人でなくてはなりません。そして、警察のやっかいになるような正当な理由がないことをうまく示さなくてはならないでしょう。長編の小説では人物像を深く描き込んでリアリティを出すことも可能でしょうが、「ショート・ショート」と呼ばれる「無人警察」のスタイルではそれは困難です。むしろ登場人物の描写を極力省略しながら読者を引き込んでいくテクニックこそが眼目だといえるでしょう。

「無人警察」では、主人公である「わたし」に「〜でない」という形でいくつかの属性を否定させることによって主人公が普通の無垢な人間であることを示す方法をとっています。「酒を飲んでいない」「何も悪いことをした覚えもない」という表現は、「わたし」が自動車を運転したり町を歩いたりする正当な権利のある人物であることを示すと同時に、それが普通のことであり、読者もまたその条件を共有できることを示しています。この二つの条件は読者と「わたし」を同じ立場へくくり込む効果を狙ったものだといえるでしょう。「わたし」は読者に向かって、「君たちもわたしと同じだからわたしの気持ちはわかるだろう」と呼びかけているわけです。

それなら、「わたしはてんかんではないはずだし」という表現はどうして必要だったのでしょうか。まずひとつは先の二つの条件を補い、「わたし」の運転・歩行の適格性をより強く印象づけるために用いられたのだと思います。すなわち、肉体的・精神的条件として適格であることを示す記号として用いられているのです。おそらく筒井氏は先の二つの条件では不十分だと感じたのでしょう。飲酒運転の経験がある人は皆無とはいえないでしょうし、「悪いことをした覚えがあるか」どうかも考えようによってはあやしくなってしまいます。しかし、「てんかん」の場合は、「違う」と確信を持たせることができる条件です。そして、その確信の強さが読者を引き込む強さにつながるのです。

さらに、「てんかん」は小説の後半でロボットがＥＳＰの能力を持ち、潜在意識までも探知してしまうという結末につなげていくためのカギとしての役割も持っています。「思考波の乱れのキャッチ」が「読心」「潜在意識の探知」へとスムーズに発展していくためには、当初からロボットが「脳波測定器」を備えているという設定が必要であり、それを正当化する道具立てとして「てんかん」が用いられているわけです。

ここでの「てんかん」の位置づけは大変微妙です。最初にロボットの説明をする部分では，物語の構成上ロボットの機能は肯定的に描かれる必要があります。[11]「取り締まり」「病院へ収容」というあまり印象のよくない表現を用いながらもそれを肯定的に評価するためには、読者に取り締まりは正当であり、自分自身は「取り締まり」や「収容」とは無関係だと思って読んでもらう必要があります。また、「わたし」が運転・歩行の適格者であることをより強く示すために「わたし」の特徴をより限定することは、読者を幅広く取り込む可能性を減少させてしまうはずです。それはなんとかして避けねばなりません。

このような困難さを解決してしまう（と作者が期待した）のが、「てんかん」の「他者性」です。「わたし」とも読者とも無関係な、この社会の十全なメンバーとは見なされない存在、イメージとしては存在するが生きている人間としての実体がない存在として思い描かれることが、右に挙げたようなやっかいな問題を回避し、期待する効果を生み出すのです。取り締まられ、病院へ収容されるのは、だれか知らないリアリティのない存在でしかないので、そのことについて読者が思い悩む必要はありません。「てんかんではない」という「わたし」の属性は、「あたりまえ」で「普通」のことなので、「わたし」をまったく限定することなく運転・歩行の適格性を示すことが可能です。

「てんかん」がこのように使われているからといって、作者がてんかん者を社会の十全なメンバーとして見なしていないとか、そのような人は実際には存在しないなどと考えていることを意味しません。小説で使われている「てんかん」は、むしろてんかん者の生活のリアリティと切り離された「記号」であることによって、物語世界を構築し、作者と読者がそれを共有するための道具立てとして機能するのです。

このような「てんかん」という言葉の用法を「比喩」として使われていると理解するだけではまったく不十分です。確かに「てんかん」は運転不適格な条件のひとつとして例示的に用いられているだけだという見方はできます。しかし、それだけでは作者が「てんかん」という言葉を用いた必然性は理解できません。「わたし」と読者にとっての「他者性」こそがここで「てんかん」という言葉が必要とされた理由です。

それでは、その「他者性」は何に由来するものなのでしょうか。「てんかん」という言葉自体がもともと持っているものなのでしょうか。

私はそれは作者と読者の共同作業によって達成されるものだと考えています。そもそも「読者にとっての他者性」というようなものが、言葉そのものに付随しているはずがありません。自分のことを指し示すために用いることも第三者のことを指し示すためにも使われるからです。(12)

「無人警察」の場合も、「てんかん」の「他者性」はおおまかにいって二種類のレトリックによって読者に対して仕掛けられています。まずひとつは「病院へ収容される」というような表現やほかの「悪いこと」と併記されることによってマイナスイメージで語られていること、そしてもうひとつは小説のなかで「てんかん」が「わたし」にとっての「他者」として語られることです。この二つは互いに補い合うことによって初めて「他者性」の構築の仕掛けとして完成します。「わたし」にとって「他者」である「てんかん」は、マイナスイメージを付与されることによって読者にとっても「他者」であることを要請されているのです。

作者ができるのは「仕掛け」を作ることだけです。このような仕掛けが読者によって受け入れられ、読者が「てんかん」を「他者」として読む限りにおいて、「てんかん」の「他者性」は完成するのです。仕掛けは必ずしも成功するとは限りません。なかには「病院へ収容」のくだりで違和感を感じ、その時点ですでに未来社会をあまり肯定的には受け入れられないような人もいるでしょう。しかし、そのような読者にとってはこの小説はあまりおもしろくないはずです。すなわち、この仕掛けは「無人警察」という小説にとって生命線ともいえるものです。これまで「無人警察」が一定の支持と評価を受けてきたとするなら、この仕掛けも成功してきたのだと考えていいでしょう。

これまで明らかにしてきた「無人警察」における「てんかん」表現の位置づけは、差別表現一般に拡張できるものだと私は考えています。すなわち、「無人警察」はかなり典型的な「差別表現」であるということです。いや、むしろ典型的な「差別表現」「であった」といった方が正確かもしれません。これまでは成功してきたと考えられる作者の仕掛けがこれからも通用し続けるとは限らないからです。もし、ほとんどの読者が「病院へ収容される」という部分で違和感を感じてしまうようであれば、この小説は「差別表現」であるというよりも、小説として失敗作であるという方がふさわしいと思うからです。(13)

「無人警察」が「差別表現」として典型的であるという認識は、差別や差別表現について、これまでの理論とはまったく異なった視点を提供します。次の節ではその点について考えてみたいと思います。

6 差別論のオルタナティブ

前にも述べたように、これまでの「差別」の元型的なイメージは被差別者に対する直接的・意図的な攻撃であったと思いますが、このようなイメージから外れる「無人警察」を「差別」の典型であると見なすことは、むしろ被差別者「不在」の（すなわち「他者化」されている）状況こそが問題の中心なのだと考えることを要請します。

直接の攻撃が差別の元型的なイメージであったのは、「差別」が被差別者によって「発見」されてきたからです。直接被差別者に向けられたあからさまな侮辱、露骨な排除、暴力、極端な格差などが、何よりもまず闘わねばならない相手であったでしょうし、多くの差別において現在でもそのような課題が消失したとは思えません。

これらの課題が今なお反差別運動の中心課題であるとしても、「差別」という社会現象をより根本的に解明するためには、そしてより大きなビジョンに基づいた運動を構築するためにも、被差別者「不在」の状況は決定的な重要性を持っていると思います。

「差別」を被差別者の「他者化」から考える視点は、とりわけ偏見・差別意識の理論に根本的な修正を要求します。

差別意識なるものがあるとしても、それは被差別者についてのイメージではなく、「他者」として被差別者をネガとして参照することによって「われわれ」を形成していく言語技術が社会の成員に共有されている状態が、「集合意識としての差別」なのです。被差別者カテゴリーを、侮辱の言葉として使うのではなく、（「無人警察」のように）「適切に」用いれば聞き手／読み手に対して大きな効果を上げることができるという知識こそが、あえていうならば「差別意識」なのです。

差別行為や差別表現をする者の視線と被差別者の視線は互いに正面からぶつかり合っているのではなく、「ねじれ」ているのです。

このような視点は、これまでの差別論が十分に説明できなかった問題にきわめて明快な答えを与えてくれると思います。

たとえば、「なぜ差別や偏見はなかなかなくならないのか」という問いに対しては、差別や偏見が「本来」被差別者に向けられたものではないからだという答えが与えられます。「てんかんではない」という表現と同様に、「かたわ」や「めくら」などの言葉もしばしば否定形で用いられ、あるいは否定を前提にして用いられます。そのときそれらの言葉を使う者の視線の先にあるのは身体障害者や視覚障害者ではありません。そのため侮辱の意図など意識しないし、罪悪感を感じさせられることもありません。

被差別者に向けられない差別は、個々の被差別者に対する好意や同情と違和感なく同居できてしまいます。筒井康隆氏にとって、記号としての「てんかん」を使用することと、子ども時代の「てんかんを持つ友人」に対する思いはまったく矛盾するものではないのです。これまではこのような状態について、しばしば「本音と建前」の使い分けという説明がなされてきました。しかし、この二つは（いかに「論理的に」矛盾していようとも）いずれも「本音」として共存しうるものなのです。記号としての「被差別者」は言葉の意味としては被差別者を指し示してはいても、実際にはそれ以外の「われわれ」を指し示すために使われるわけですから、現実に生きている個々の「被差別者」のイメージとは直接ぶつかり合わないのです。

それゆえ、偏見や差別意識を被差別者についてのイメージであるとだけ捉えて、それを修正しようとする試みはしばしば失敗に終わります。それは「主要な関心事」ではなく、必要に応じて作り出されるイメージなのですから、どうしてそのようなイメージが必要であったかを問わなければ、根本的な解決にはならないからです。

また、「ねじれ」構造は被差別者からの差別告発を困難にしています。被差別者に向けられていない差別を被差別者の側から告発するには、それを被差別者に対して向けられたものであると「再解釈」する必要があります。すなわち、もともとよその方角を向いていた「差別者」を被差別者と向き合わせる作業が必要になるのです。この作業はしばしば非常に困難であり、「すれ違った」ままに終わる可能性も大きいだけでなく、仮に向き合ったとしても、そのときの「差別者」と被差別者の関係はもともとの文脈とは異なったものですから、再度もともとの行為へとフィードバックさせる作業が必要になります。実際部落解放運動などで行われる「糾弾」において、運動側の努力の大部分はこの二つのプロセスに費やされるのだと思います。

さらに、このような視点は被差別者の「痛み」の言語化にも有効であると思います。差別表現が被差別者を「傷つける」のは、それが侮辱であったり排除を正当化するからだけではなく、「他者化」されることによって被差別者が引き裂かれるからでもあると思います。

てんかんを持つ高校生が「無人警察」を教材として読まされるとき、その小説としての「おもしろさ」を理解するためには「てんかん」の他者化を作中の「わたし」と共有する必要があります。そうでなくてはこの小説は「正しく」読めないからです。しかし小説のなかでは「他者」として描かれる「てんかん」も彼／彼女にとっては自らを指し示している言葉として降りかかってきます。その結果、彼／彼女は自らが「てんかん」であるところの自己と「てんかん」を「他者」とすることによって物語世界への入場を許可された自己とに引き裂かれてしまうのです。もちろんこれは考えられる帰結のひとつにすぎません。小説の「正しい」理解ができなくなる場合もあるでしょうし、逆に「てんかん」を持つということを自らのアイデンティティから追い出そうとするのかもしれません。しかし、いずれにせよ彼／彼女にとっては望ましいことではありません。

このようなことは、いたるところで起こっていると考えられます。被差別部落出身であることや在日朝鮮人であることを知らない周囲の人たちが何気なく引き合いに出す「他者」としての「部落」や「朝鮮人」。その「何気なさ」こそが被差別者を「引き裂く」のだと思います。

7 おわりに

これまで説明してきた理論枠組みは、まだ基本的な骨組みが示された段階であり、今後もより精緻なものとしていく努力が必要だと感じています。

そこで、最後に今後の課題として私が考えていることをいくつか示しておきたいと思います。まずひとつは「他者化」のプロセスのより詳細な理論化です。今回は小説という題材を扱いましたが、日常的な対面的相互作用における「他者化」を、たとえば会話分析などの手法を用いて分析することが有効かもしれません。また、よりマクロな制度も基本的に同じ枠組みで分析することが可能であると私は考えています。(14)

もうひとつは、理論的な問題です。ここで示したような理論枠組みは、社会学理論の基本的な枠組みに対しても重要な問題提起を含んでいると私は考えています。私はこの論文のなかで「視線」とか「ねじれ」などのやや厳密さに欠ける表現を多用しましたが、これはそれ以外に説明したいことをうまく表現する言葉を見つけられなかったからです。また、「読者」を理論枠組みのなかに位置づけることは、社会現象の主観性を前提にした社会理論を構築することを意味します。被差別者にとっての「差別」とそれ以外の人にとっての「差別」は異なったリアリティを持っています。そのようなリアリティの相違（すなわち「ねじれ」）こそが差別という社会現象の重要な特徴だとするなら、社会現象の主観性を前提にした理論枠組みが、少なくとも差別の分析には不可欠だと思います。

＊

本章の内容と本書のほかの部分（理論編）との関係について、いくつか補足しておきます。

まず本章での「ねじれ」という概念ですが、これは、第2章で説明した認識のズレ（他者の抽象化）

と、二者関係モデル（偏見理論）に基づく差別告発がすれ違う仕組みを描いたものであると理解してください。本章の事例は第2章の類型では象徴的排除にあたりますが、それに対して偏見理論に基づく告発が行われる場合には、このような「ねじれ」現象は一般的に起こりうると考えられます。また本章の以下の部分は、第3章の説明と矛盾しています。

被差別者カテゴリーを、侮辱の言葉として使うのではなく、（「無人警察」のように）「適切に」用いれば聞き手／読み手に対して大きな効果を上げることができるという知識こそが、あえていうならば「差別意識」なのです。

このような「知識」は、確かに差別行為の「資源」ではありますが、必然的に差別行為を生み出すわけではなく、逆に差別を見抜き、解体するための「資源」にもなりえます（ワクチン化）。そのため、現在では私はこのような「知識」を「差別意識」としては捉えていません。

注

（1）当事者以外では、生瀬（一九九四）などに詳細な検討が見られる程度です。
（2）引用は月刊『創』編集部編（一九九五）収録の教科書版によるものです。細部の表現はオリジナルの小説と異なっています。以下の引用も同じです。
（3）月刊『創』編集部編（一九九五）に収録された日本てんかん協会の抗議文（二一三頁）と声明（二一三－二一五頁）を

参照してください。

（4）筒井（一九九三a）および筒井（一九九三b）を参照してください。

（5）月刊『創』編集部編（一九九五）に収録された角川書店の回答書（二五-二九頁）を参照してください。

（6）特に「差別表現」の場合、「被害」は主観的な要素を持つ場合が多いために、より一層の困難があります。

（7）たとえば灘本（一九九三）、本多（一九九三）などです。

（8）この経緯は月刊『創』編集部編（一九九五）収録の往復書簡（六四-七二頁）を参照してください。

（9）月刊『創』編集部編（一九九五）に収録された「合意」記者会見（七二-八五頁）を参照してください。

（10）佐藤（一九九〇）および佐藤（一九九三）を参照してください。

（11）いうまでもなく、最初に管理社会を持ち上げてからあとで引き下ろす、その落差が生み出す効果を期待しているからです。

（12）言葉によっては自分のことを指し示す場合にはめったに使われないようなものもあります。しかし、その場合もそれは言葉そのものの属性ではなく、「使われ方」の問題だと考えるべきでしょう。

（13）「無人警察」を「差別表現」と見なすかどうかと、いわゆる「表現規制」一般の是非とは分けて論じられるべきだと私は考えています。ただこの小説を教科書に採用すべきかどうかという問題に限っていえば、これまでの考察から結論は明らかだと思います。著者の仕掛けを受け入れる読み方を生徒たちに強制することは（あるいは許容することも）教育の場としてはあってはならないことでしょう。もし「反面教師」として活用が可能ならば、それはそれでおもしろい教材だと私は思いますが、実現可能かどうかは難しいでしょう。

（14）小説における被差別者の「他者化」プロセスについては、本稿のほかにもすでに有力な研究があります。Morrison（一九九二）はアメリカ文学のなかで「他者としてのアフリカ人」がどのようにして「文学的価値」を生み出してきたかを詳細に検討しています。取り上げた事例が非常に豊富であるだけでなく、随所に文学者ならではの鋭い認識が感じられ、今後より詳細に検討すべき課題を数多く提起していると思います。

第6章 あいまいな表現としての差別語と「ワクチン」——石原都知事「三国人」発言

1 分析

まず、問題にしようとしていることを明確にしておきましょう。

表題の「三国人」発言とは、石原東京都知事が二〇〇〇年四月に陸上自衛隊練馬駐屯地の創隊記念行事で行ったあいさつを指しています。このなかで「三国人」という言葉を使ったことが問題発言（差別発言）として報道され、さまざまな批判と反批判を呼びました。

「三国人」発言をめぐる議論の論点は、この発言そのものだけではなく、石原氏の政治思想（あるいは「偏見」）や自衛隊の治安出動の是非、在日外国人の地位や処遇一般といった多岐にわたるものへと広がっていきましたが、ここではあくまでも発言そのものに絞って考えていきたいと思います。

「三国人」発言は口頭でのあいさつであり、それを新聞で報道された「発言全文」に基づいて考察します。そのため、実際にその場でなされた発言とは若干のニュアンスの違いなどがありえますが、全文が公開されたあとでは石原氏がその内容について訂正を求めたり異論を述べたりしたという事実はないようですので、大筋として石原氏の言いたかったことは反映されていると考えることにします。問題となった箇所は以下の通りです。

今日の東京をみますと、不法入国した多くの三国人、外国人が非常に凶悪な犯罪を繰り返している。もはや東京の犯罪の形は過去と違ってきた。こういう状況で、すごく大きな災害が起きた時には大きな大きな騒じょう事件すらですね想定される、そういう現状であります。こういうことに対処するためには我々警察の力をもっても限りがある。だからこそ、そういう時に皆さんに出動願って、災害の救助だけではなしに、やはり治安の維持も一つ皆さんの大きな目的として遂行していただきたいということを期待しております。（内海ほか、二〇〇〇、二〇〇頁）

この発言は、当初「三国人」という言葉が「差別語」であるとして問題化したのですが、それ以外にも、外国人の犯罪を理由にして自衛隊の治安出動を正当化している点なども批判の対象になりました。この二つの論点、すなわち「三国人」という言葉をめぐる問題と、「外国人」をめぐる問題は、分けて考えた方がいいのではないかと思います。これは、石原氏の「意図」を読み取っていこうとする差別論の視点においては、「三国人」と「外国人」は異なる意味を持っているからです。

「三国人」は、石原氏の意図から考えると、必ずしもその場では使う必要がなかった言葉ではないかと思います。その理由は、まず「不法入国した多くの三国人、外国人が」という表現で、最初に言った「三国人」を「外国人」と言い換えているように見えることです。それが本当に言い換えであったかどうか、また「三国人」という言葉をまずいと思って言い換えたのかどうかは、新聞記事からだけでは定かではありませんが、[1]「外国人」だけでも意味は通じると考えているように見えます。もうひとつの理由は、石原氏がその後「三国人という言葉はこれから使わない」と宣言している点です。その理由は「在日韓国、朝鮮人をはじめとする一般の外国人の皆さんの心を不用意に傷付けたとしたなら、それは私の本意ではなく、遺憾であります」（同書、二一四頁）というもので、基本的には「被害の論理」を受け入れた形になっています。すなわち、「三国人」という言葉を（公の場では）使わないという点については石原氏も譲歩できることなのだろうということです。そのような意味において、「三国人」はどちらかといえば偶発的な発言であり、それを踏まえて考える必要があると思います。

しかし、「外国人」については、石原氏は記者会見等でも同様の趣旨の発言を繰り返し、まったく自説を曲げることはありませんでした。つまり、あの場で「外国人」（の犯罪）を引き合いに出したことには、石原氏なりの必然性があったのだと考えられます。

(1) 外国人

まず、「外国人」から考えてみましょう。

基本的な視点として、最も重要なことは、その発言がなされた具体的な文脈に沿って考えるということです。そして、発言者（石原氏）が聴衆（陸上自衛隊練馬駐屯地の人々）に対して、発言がどのような効果をもたらすと期待していたのかを読み取っていかねばなりません。

石原氏の最終的な意図は、自衛隊の治安出動を正当化することであると考えて間違いないでしょう。これはその後も一貫して主張されていることですし、自衛隊の人々を前にした演説としても筋が通っています。

それでは、自衛隊の治安出動を正当化するために、なぜ（不法入国した）外国人の犯罪を引き合いに出す必要があったのか。このように問題を立てると、答えを出すことはそう難しいことではありません。それは自衛隊の治安出動に対する「抵抗感」を想定したからだと考えられます。

石原氏によれば自衛隊は「国家の軍隊」です。このような言い方にはもちろん異論も出てくるでしょうが、「国民を守るためのものである」といった理解は（自衛隊そのものについての賛否は別にして）石原氏も含めた大方の共通理解としては妥当なところだと思います。しかし、「治安出動」というのは「国民を守るため」の武力が国民自身に向けられる可能性をもたらすものです。このことが自衛隊の「治安出動」に対する一般的な抵抗感をもたらしてしまいます。そして、おそらくはこの抵抗感は自衛隊の人々も共有しているのではないかと思います。

この「抵抗感」を払拭するためには、武力は決して「われわれ」（＝国民）には向けられないものなのだとイメージする必要があります。そのための「外国人」なのです。「治安出動」において武器を向ける相手は日本人ではなく「外国人」なのだ。このイメージは、外敵から「国民を守る」ための武力としての自衛隊の存在意義とうまくつながります。その意味において、「治安出動」は「外国の侵略からの防衛」と同様の地位を与えられるわけです。

しかし、これらのことを明確に表現してしまうと、それがあまり論理的でないことがすぐにわかってしまいます。自衛隊が武器を向ける対象はあらかじめ（不法入国した）外国人に限定されるということはいくらなんでもできません。かといって、日本人もまた「治安出動」の対象なのだとは明言したくはないでしょう。

だからこそ、このような論理は明確に語られず、あいまいに表現されているのです。言葉として表現されたものだけを見る限り、「外国人の犯罪」は「騒じょう事件」が起こる背景として説明されているだけであり、「外国人」だけを対象にして「治安出動」をするのだと明言されているわけではありません。しかし、「外国人の犯罪」のみを強調することによって、「（不法入国した）外国人」を他者とする「われわれ」（≠日本人）が形成され、その文脈で「治安出動」が語られることによって、それが「日本人対外国人」という構図のなかでのものであるかのような印象を与えるのです。

これまで述べたような意図を、本当に石原氏が持っていたかどうかを立証することはできません。しかし、もし「治安出動」を「日本人対外国人」という枠組みのなかのものであると受け止めた人が、自衛隊のなかに、あるいは、新聞でこの報道を読んだ方のなかにいたとするなら、それらの人にとっては、この発言は「差別発言」であったということができるでしょう。

石原氏の発言について、それを石原氏の「差別意識」の現れであるとか、「外国人」への攻撃であるといった受け止め方は、まったく根拠のないものではないかもしれません。しかし、重要なことは、石原氏の発言が人々を巻き込んでいく仕組みの解明と、巻き込まれないようにする対策を考えることだと私は考えるのです。そのためには、石原氏が「外国人」について何をいっているか、ではなく、石原氏が「外国人」を使って「われわれ」に何をいっているのかを読み解かねばならないのです。石原氏が「外国人」の犯罪を引き合いに出した意図は、それに目を向けることによって、自衛隊が「日本人」（あるいは不法入国ではない「外国人」も含むかもしれません）に武器を向ける可能性があるということから目をそらせることだったのだといえるでしょう。

そうであるなら、対応方法は簡単です。記者会見などの場でマスメディアは石原氏に「あの発言は、自衛隊の治安出動の対象は不法入国した外国人にあらかじめ限られるべきだという意味なのか」と問えばよかったのだと思います。どう考えても「ＹＥＳ」と答えられるはずはなく、石原氏がこれを明確に否定し、それがメディアによって報道されれば、先に説明した意味での「差別発言」は事実上解体されることになります。

もし石原氏が右のような発言の捉え方をまったくの誤解であるとしたなら、石原氏の責任を問うことは難しくなるかもしれません。しかし、それはそれで仕方のないことだろうと私は思います。(2) より優先されるべきことは、「同化」を阻止し、連鎖の鎖を断ち切ることです。石原氏が「誤解である」と明言することも、そのための手段となりうるのです。

(2) 三国人

すでに述べたように、「三国人」という言葉は、発言全体のなかでは「外国人」に比べて偶発的なものだと私は考えています。この言葉が使われたことについては、石原氏の「差別意識」という必然性があったのだという考え方もあるでしょうが、私はそのようには考えません。むしろ、もし「思わず」口に出てしまったのだとしたら、それは石原氏がこの言葉を別の場所では（ある意図をもって）日常的に使っていたということではないかと思います。

「三国人」という言葉は「差別語」であると（メディアや批判者たちに）受け止められたわけですが、私もまた、この文脈における「三国人」は差別語であると考えます。しかし、それは「三国人」がだれを指しているのか、そして指している人々をどのように意味づけているのかということとは基本的に関係がありません。

「三国人」を、たとえば不法入国した外国人とか、在日朝鮮人・中国人とか、外国人一般とかに置き換えても、「三国人」という言葉の差別性は見えなくなってしまいます。「三国人」はあいまいな表現であり、まさにそのあいまいさにこそ「同化メッセージ」があるのです。

「三国人」は「わかる人にはわかる」ように発せられた言葉です。そしてそれを「わかる」ことによって、「わかる人」、すなわち「われわれ」になるわけです。実際にどう「わかった」のかは、あいまいなメッセージであるがゆえに不安定です。これを聞いた人はそれぞれの「わかり方」をしているはずです。にもかかわらず、「三国人」という言葉は「わかる」のです。ではいったい何が「わかる」というのでしょうか、あいまいな理解の中心にある、だれもが共通して「わかっている」こととはなんでしょうか。

それは「他者」であるということです。「われわれ」にとっての「他者」。「三国人」という言葉の核心にある意味は「われわれではないもの」ということにほかなりません。そして、それを「わかる」ことによって「われわれ」が作られるわけです。

あいまいであるがゆえに「三国人」という言葉は恣意的に運用されます。「われわれ」の言葉なので、「われわれ」が自由に再定義できるのです。

「三国人が凶悪犯罪を犯す」という言明は、「三国人」があいまいであるために、「凶悪犯罪を犯しているのが三国人だ」という「三国人」の定義にすり替えられ（論理が逆転し）、そのことによって、

「凶悪犯罪はすべて三国人がやっている」かのようなイメージを作り出してしまいます。

石原氏は「東京の犯罪はどんどん凶悪化している。だれがやっているかといえば全部三国人、つまり不法入国して居座っている外国人じゃないか」（二〇〇〇年四月一〇日の記者団の質問に答えての発言。内海愛子ほか、二〇〇〇、二〇二頁）と述べています。もちろん「全部」というのが事実ではないことは統計を調べるまでもなく明らかなことであり、この発言が「勢い余って口を滑らした」というものであったとしても、その「勢い」は「三国人」という言葉の性質に依存しているのです。

また、「三国人」はあいまいであるがゆえに、「三国人に味方する者も三国人」という「われわれ」による再定義を可能にします。そして、この性質が「儀礼的排除」（第２章参照）に使われるのです。だれもが「三国人」として攻撃されうるのであり、その攻撃を回避するには、「三国人」を攻撃する側に回るしかないという、恐ろしい状況が、まったく空想上のものとはいいきれないのです。

「三国人」発言への対応で最も重要なことは、（人権論的な視点から）石原氏を批判することではなく、もしかしたら起こってしまうかもしれない最悪の事態（それはもちろん、関東大震災における「朝鮮人虐殺」の再来です）を回避するための手立てを講じることです。「三国人」という言葉の使用によって引き起こされる認知的連鎖を断ち切り、儀礼的排除や過剰な連鎖を防止すること、そしてそのためには「ワクチン」が必要なのです。

「ワクチン」は、起こりうる事態が具体的に予想できる場合に最も効果を発揮します。予想される状況において、「三国人」という言葉がどのように使われ、どのように人々を巻き込んでいくのかを「われわれ」の視点から記述することが「ワクチン」の主成分です。そのような知識をあらかじめ持つことによって、「三国人」という言葉の意味ではなく、「三国人」という言葉を発する「行為」を「見る」ことができるようになるのです。

以上のような考え方に基づいて、私が作ってみた「ワクチン」の試作品を披露することにしましょう。

このワクチンは、最悪の事態のなかでもさらに最悪である、「虐殺」への自衛隊の関与を想定したものです。もちろん、そんなことはあってはならないことだし、ありえないはずだとは思います（思いたい）。しかし、あえてそのような事態を想定して見せることは、事態の深刻さを知ってもらうためにも有効だし、その意味で比較的広い範囲に有効な「ワクチン」として利用できるのではないかと考えたからです。

文体については、「ワクチン」にはさまざまな形式が考えられる、ということを示すための一例として、あえて、本書のほかの部分とは異なるものを使いました。

254

2 ワクチン

以下は、ある自衛隊員が後輩から「三国人とは何か?」と質問されたときの答えです。もちろんフィクションです。

なにぃ、「三国人」ってなんのことかって? おまえ、鈍いやつだなぁ。石原センセイの話ちゃんと聞いてなかったのかよ。

外国人のことかって? 違うよ。朝鮮人とか中国人のことかって? 違う、違う、「三国人」は「三国人」だよ。わかんないやつだなぁ。おまえ、本当にわからないんだったら、やばいぞ。

石原センセイは「三国人」について何も説明してなかっただろ? 説明しなくてもわかるはずだってことだよ。おまえら「三国人」ってもちろん知っているよなっていってんだ。

それでもわからないものはわからない? 困ったやつだね。これはまあ、一種の、暗号みたいなもんだ。わざとわかりにくいってんだよ。でも、ヒントはいろいろあったろ?

ソウジョウを起こすとかいってただろ? それでだいたいわかるだろ?

なんでわざわざそんなわかりにくいうのかって? だから、それがいいんじゃないかよ。暗号だからいいんだよ。石原センセイはわざとわかりにくい言葉を使って、それで、本当の仲間を募ってるんだ。本当の仲間ってのは、全部いわなくても通じるもんだろ?「あいつら」とか、指を一本立てただけで、「ピン」とくるってのが仲間だろ?「三国人」もそれと同じだよ。「三国人」といっただけでピンとくるやつだけが、おれの仲間なんだ、ってことなんだよ。

うーん、おまえ鈍いみたいだから、ひとつ忠告しておくぞ。こういうときはなぁ、わかんなくてもわかったような顔をしてなくちゃならないんだよ。なぁに、ほかのやつも似たり寄ったりさ。心配すんな。そもそも「三国人」が本当はなんのことなのか、なんてことにはたいして意味はないんだよ。

それじゃああとで困るだろうって? 大丈夫、困らないんだよ。いいかい、「三国人」って言葉が使われるときってどういうときだい? 考えてみな。

「三国人」がソウジョウを起こすってんだから、そのソウジョウってやつが起こるときだろ?そういうときにおれたち自衛隊は何をするんだ?

大災害が起こるとするだろ。でもって生活物資とかが不足する、情報も混乱してみんな不安になる。どこどこに物資があるらしい、早く取りに行かないとあぶれてしまうぞ、なんて噂が出回って、たくさんの人が殺到する、物資が足りなくなるもんだから、暴れる人が出てくる、パニックになる。そういうときがおれたちの出番だ。

とにかく騒ぎを収めなくちゃならない、場合によっては力ずくでもな。もちろん、おれたちが戦車とまではいかなくてもそれなりの装備で出張っていけば、それだけでたいがい収まるもんだ。でも、それでも収まらなかったらどうする？　そういうときってのは、だれか扇動しているやつがいるんだよ。それが三国人なんだ。わかったかい？　石原センセイがいってたろ、三国人がソウジョウを起こすって。そういう意味なんだよ。

え？　見分けがつくのかって？　そんなのつくわけないだろ。わかるわけあるかよ。見分けがつかなくてもいいんだよ。だからこそ、三国人って言葉なんだよ。見分けなんかつかないぞって意味なんだよ。

考えてもみな。おまえが武器を持って暴動を収めようとしている。でも扇動しているやつらがいて、収まらない、いって聞くようなやつらじゃないからな。もちろん、できればもうちょっと安全な手段、催涙弾とか、放水とかそういうやつだ、それを使う方がいいんだが、それでもだめなら、最後の手段、つまり実弾の引き金を引くかだ。おまえ、できるか？

目の前にいるのは三国人であろうがそうでなかろうが、生身の人間だ。弾が当たれば痛いだろうし、死んじまうかもしれない。家族だっているかもしれないし、もしそんなこと考えてしまったら、何もできなくなるだろ。

そういうときに、つぶやくんだよ。あいつらは「三国人」だ、やつらは「三国人」だってな。まあ、念仏みたいなもんだ。なんてったって、石原センセイがついてる。それで、すっと楽になれるんだよ。もしおまえがそれを思いつかなくても、近くにいるだれかがきっといってくれる。三国人どもをやっちまえ！　三国人から日本を守れ！　ってな。それだけで、おれたちは元気百倍、なんの迷いもなく引き金を引けるって寸法さ。な、ありがたい言葉だろ。

ん、それでもしあとから問題になったらどうするのかって？　そんときゃ、運が悪かったたって、あきらめるんだね。おまえがやらなくても、だれかがやるんだよ。三国人って言葉がある限りな。くじ引きみたいなもんだ。はずれを引いたってあきらめな。どうせおれたちは石原センセイにとっちゃただの捨て駒みたいなもんなんだからよ。

だれかが汚い仕事をしなくちゃなんないんだよ、そういうときは。直接手を下したやつは言い逃れができねぇ。なんてったって、そのものずばりだからな。でも、えらいさん方は守んなくちゃなんねぇ。それが社会の掟ってもんさ。だから暗号なんだよ。石原センセイが自分は関係ないっていい張れるためのな。そこんところまでちゃんと含んで理解しなくちゃだめだぞ。

ん？　そんなくじ引きは嫌だって？　ほう、ちっとはわかってきたみてぇだな。ようし、じゃあ、どうすりゃいいか、取って置きを教えてやるよ。

それはな、ぜーんぶ忘れちまうんだ。今いったことも。おまえは「三国人」がなんのことかわからなかったし、今もわからねぇ。それでいいんだよ、実はな。そんな狐につままれたような顔すんなって。説明してやるから。

さっきおまえがいったように、わからないもんはわからない。そこんとこだけちゃんとしてれば、何も問題はねぇんだよ。

いいかい、変にわかった気になってるから、やつらは「三国人」だ、とかいわれたときに、いいように乗せられて、暴走しちまうんだ。おまえさんみたいに、そんな言葉わかりません、なんて真顔でいえるやつは、いちばん安全なんだよ。

こういう暗号ってのはな、わざとわかりにくいって、「ピンときた、おれはわかったぜ」って思わせる手口なんだよ。そう思えると、なんとなくうれしいだろ。そうやってわかったつもりになってると、次にまた「三国人」って言葉が使われたときにも、全部わかんなくちゃなんねぇ。殺してもいいんだ、って意味も含めてな。まあ、一種のマインドコントロールみたいなもんだな、これは。

というわけで、結論としては、暗号には気をつけろ、ってことだな。まあ、おまえのように鈍いやつは大丈夫だとは思うがな。

注

（1）石原氏本人は、記者会見で「『三国人、外国人』て言い直して、重ねて言ってた」と述べています（内海ほか、二〇〇〇、二一〇頁）。

（2）まったく不可能だというわけではありません。「誤解を与えた責任」を明らかにしていくという方法も考えられます。ただし、「誤解」を与えたことを立証できるのかという技術的な問題はあります。

第7章 性別役割分業の非対称性
――林道義『父性の復権』『母性の復権』

この章では、「性別役割分業」について考えてみようと思います。

性別役割分業とは、単純化すると、男女には異なる役割が割り振られている、もしくは割り振られるべきなのだという考え方です。これはしばしば「差別」と結びつけて論じられることがあります。しかし、女性と男性には異なる役割があるということだけでは、人権論的な視点からでも差別論の視点からでも「差別」（もしくは「人権侵害」）だということはできません。

それでは、「性別役割分業」はどのように問題化されているのでしょうか。

人権論の視点では、ある特定の分業、すなわち「男は仕事、女は家庭」という分業が、実質的な不平等、もしくは女性の不利益をもたらすという点において、問題化することが可能です。すなわち、「仕事」（生産労働）が有償労働であり、家庭における「労働」（家事労働）が無償であることや、それが家庭のなかでの「権力関係」に反映されたり、家庭が崩壊（離婚）したり、一方が死亡した際に男女の間に大きな経済力の較差が生じるといったことです。[1]

それでは差別論の視点では、性別役割分業についてどのように考えればいいのでしょうか。理論編で述べてきたように、差別論では、具体的な文脈のなかで（排除によって）生じる「非対称性」を問題にします。性別役割分業を考えるにあたっても、やはり具体的な文脈のなかでの「語られ方」に注目することによって、その「非対称性」を明らかにしていくことができるのです。

性別役割分業が語られる場面として、ここでは、林道義氏によって書かれた『母性の復権』（林、一九九九）と『父性の復権』（林、一九九六）という二冊の本を取り上げたいと思います。

この二冊は、タイトルからもわかるように「母性」「父性」をそれぞれキーワードとして、子育てにおける母親や父親の役割を説いたものです。「母性／父性の復権」というタイトルの共通性や、本のなかで扱っている事例（問題）の共通性など、この二冊の本には共通する要素もあるのですが、「母性」や「父性」の語り方という点においては、大きな違いがあると思います。そこで、まずその違いを手掛かりにして議論を進めていきたいと思います。

1 『母性の復権』と『父性の復権』の相違点

（1）母性本能と父性本能

二冊を読み比べてまず気づくことのひとつは、『母性の復権』では「母性本能」という言葉が頻繁に用いられているのに対して、『父性の復権』では「父性本能」という言葉は見当たらないということです。これはなぜでしょうか。

まず考えられることは、「父性本能」という言葉があまり一般的ではないために、用いなかっただけなのだという理由が考えられます。確かにその可能性はあるでしょう。もしそうであるなら、林氏は「父性本能」という言葉で表すことができるようなものが存在していると考えているが、その言葉が一般的ではないために使わなかったということなのでしょうか。

この点を検証するために本のなかの記述を見てみましょう。

『母性の復権』においては、「母性は普遍的である」と題する第二章において、母性が普遍的であり、本能であるということが、多くのスペースを割いて論じられています。ここで使われている本能という言葉はどのような意味なのでしょうか。

本能は生得的なものであるが、それは学習によって発現するのだ、というのが林氏の本能についての考え方のようです。本能と学習の関係についての林氏の理解は、以下の部分が比較的わかりやすく示されていると思います。

「生物学的に必然的な」本能的なパターンが、「母と子の相互作用」のあり方を決定しており、その意味では「主体的なもの」は「必然的なもの」によって大きく規定されている。また逆に、「必然的なもの」(本能)は「主体的なもの」(学習)に媒介されて発現するのである。(林、一九九九、七〇頁)

一方、『父性の復権』では、「父性本能」という言葉は出てきませんが、「父性」と生物学的必然性を結びつけるような記述は存在します。「父性はどのようにして生まれたか」という章[2]において、類人猿の「父性行動」を参照しながら、以下のように結論づけているのです。

このように見てくると、人類の父性は決して人類史の中の比較的新しい文化的な発明品などではなく、類人猿の時代にまでさかのぼる遺伝子的な根拠を持っていると言うことができる。(林、一九九六、一二二頁)

「遺伝子的な根拠」があるとまでいっているのですから、「生得的」なものだと位置づけられていると考えていいでしょう。「母性本能」のように「学習によって発現する」といったことは書かれていませんが、少なくとも「生得的」だという意味においては、「本能」といってもよさそうです。

林氏は「母性本能」という言葉は使うが、「父性」は「生得的」であるとしながらも、「父性本能」という言葉は使っていない、ということです。

(2) 女性性と男性性

次に、「母性/父性」が(生物学的な)女性/男性とどのように結びつけられているのかを見てみましょう。この点に関しても、二冊の本には際立った違いがあります。

まず、『父性の復権』においては、「男性性」あるいは「男性/女性」と「父性」の関係について論じた箇所がいくつかあります。最も特徴的なのは、最終章「父性復権への道」の第一節にある以下のような記述です。

父性については、基本的には父も母も両方が持たなければならないと考えている。どちらかが一方的に担うべきものとは考えていない。だから私は父親の役割とか性質と言わないで、父性という抽象的な言葉を使っているのである。もし読者の中に、父性は父親だけが持つべきものだと理解した人がいるとしたら、それは大きな誤解だということを、ここでとくに断っておきたい。（中略）もちろんその性質を父性と名づけているということは、父性を体現する者は父親がなるのが適切だという考えがあることは確かである。（林、一九九六、二〇七頁）

このような記述から考えると、林氏は「父性」と「男性」との結びつきを、それほど強くないものと考えているようです。両方が持つべきだが、父親（＝男性）が担う方が適切であるという、ややあいまいな言い方になっています。

また、「男性性」という言葉も使われています。やはり最終章の「父性と男性性の違い」という節で、父性と男性性は異なるものであり、「男らしいだけでは父性があるとは言えない」（同書、二一〇頁）と述べています。このような「男性性」の位置づけについては、あとでまた考察したいと思います。

一方、『母性の復権』においては、「母性」と（生物学的）女性との関係についての議論はまったくありません。それでは「母性」と女性とは無関係だと考えられているのかというと、そうではなくて、むしろ暗黙の前提として位置づけられているようです。というのは、実母が育てられないときに「母親」の代わりに乳幼児を育てる者として、「祖母、養母など」が想定されているからです（林、一九九九、五八頁）。まず考えられてもいいはずの「父親」が出てこないのは、「母性」が女性のものであるという暗黙の想定があるからだと考えられます。(3)

また、「女性性」という言葉はまったく使われてはいません。「母性」は女性と結びつき、「父性」は男性とそれほど強くは結びついていないようです。

(3) 母性の問題と父性の問題

この二冊の本の特徴として、さまざまな事例によって「問題」を指摘し、それを「母性」や「父性」と結びつけて考察しているという点が挙げられます。しかし、この点についても二冊の本には大きな違いがあります。

まず『母性の復権』では、母性とさまざまな問題との関係は次のように語られています。

一口に母性解体と言っても、さまざまな種類があり、それぞれまったく異なる原因からきており、異なる対策が必要となる。

第一の種類は、母性本能はあるのだが、その本能が行きすぎたり盲目的であるために適切な働きをしないで、子どもを傷つけたり不当に抑圧しているケースである。第二の種類は、母親が母性本能と敵対するようなコンプレックスやイデオロギーを持っているために、自ら母性を抑圧したり、母性を傷つけているケースである。この場合には、母親は子どもが可愛くないとか、煩わしいと感ずることが多い。第三の種類は、母性が完全に壊れてしまっていたり、狂っている病理的な場合であり、この場合には母親は子どもに違和感を持ち、「子どもとコミュニケーションできない」「子どもを理解できない」と感じている。（林、一九九九、一〇九頁）

簡単にまとめると、母性は「過剰」であっても（第一の種類）、「欠如」していても（第二と第三の種類）問題が生じるというわけです。

これに対して、『父性の復権』では「父性の欠如」だけが語られます。

これまでの分析と考察から、慧眼な読者はすでに明察されているとおり、現代社会は極端に父性が不足しており、そのための病的現象がいろいろな形で噴出していることを指摘しなければならない。（林、一九九六、一五三頁）

それでは、「父性の過剰」という事態は存在しない、あるいは問題を引き起こさないのでしょうか。実は「母性の過剰」に対応すると考えられる状況は、「父性の過剰」ではなく、「男性性の問題」として語られているのです。

たとえば「子どもの心理的発達と父性」という章では、「父が強すぎる場合」として、「立派すぎる父の重圧に押しつぶされてしまった」事例（同書、四五頁）が語られています。しかしこれは「父性の過剰」として語られているわけではありません。むしろ、先に引用した父性と男性性の関係についての記述から考えると、「男性性」の問題だと位置づけられるように見えます。「母性」は過剰であっても欠如していても問題を引き起こすが、「父性」は欠如した場合のみ問題を引き起こす。この違いはどうして生じるのでしょうか。

(4) 母性の保護と父性の保護

最後に、指摘されたような問題を解消するためにどのような提言がなされているかを見てみましょう。

『母性の復権』の最終章は「母性を守る環境」というタイトルです。そこでは「母性をどう守るか」が議論の対象となり、「母親の心の余裕を確保する環境を整える」(林、一九九九、一八九頁)ことや、母子に対する「父の保護」、「『乳幼児の母親でも働ける社会に』ではなく、『乳幼児の母親は働かなくてもよい社会に』でなければならない」(同書、一九五頁)といったことが語られています。すなわち、「母性」は「守るべき対象」なのです。

一方、『父性の復権』の最終章は「父性復権への道」と題されていますが、そこでは「父性を保護する」といった言い方はまったく見られません。語られているのは「父親の心構え」と、「未来の父親」を育てるための手立て(母親と教育の役割)です。「未来の父親を育てる」ということは、母性の保護と共通する部分もありそうですが、決定的な違いがあります。それは、教育や育児において対象となるのはあくまでも「子ども」だけであり、成人し、父親となった者はもはや「保護」される対象ではないということです。

「母性」は保護される存在であり、「父性」はそうではない。この違いはどうして生じたものなのでしょうか。

2 分　析

前節では、『母性の復権』と『父性の復権』において、「母性」「父性」の扱われ方が異なっている点をいくつか指摘してきましたが、次に、それらの違いがどうして生じたのかを考えてみましょう。この問いに答えるためのヒントは、『父性の復権』のあとがきにある以下のような文章にあります。

父親が父親であるためにはどんな性質を持っていなければならないのかという議論を、つまり「父性とは何か」という原則的な議論をしなければならない時に来ていると思われる。（中略）「父性の復権」というと、過去に父性のあった時代が実在したかのように受け取られるかもしれないが、あくまでも復権であって復興ではない。過去に健全な父性が十分にあった時代などは存在しない。
（林、一九九六、二三五頁）

この文章からは、林氏にとって「父性」とは、現にあるものではなく、あるべき理想であるということがわかります。父親が父親であるために持っていなくてはならない性質、それが「父性」なのだとすると、これまで説明してきた「母性」と「父性」の違いは理解できます。

「母性」は本能であり、現に存在するものですから、保護の対象となりうるわけですが、「父性」はあるべき理想ですので、保護の対象とはなりません。また、「母性」は実在するがゆえに欠如しても過剰であっても問題を引き起こしますが、「父性」は理想ですから、それが失われていることのみが問題なのです。

「父性」はこれまで実在したことのない理想ですので「本能」ではありません。したがって「父性本能」という言葉はありえないのです。(4)

「母性」は本能であるため、女性だけのものであるのに対して、「父性」は（普遍的な）理想ですから、必ずしも男性でなくてもいい。これも筋が通っています。

このように考えると、「母性」と「父性」は同じ水準に位置づけられる概念ではなく、比較対照して論じることができるものではないことがわかります。

林氏は、なぜこのように異なる水準で「母性」と「父性」を論じているのでしょうか。たとえば「母性」を「父性」と同様の抽象的な理想の水準で語るということも考えられます。「母親が母親であるために持っていなければならない性質」が「母性」なのだ、といったように、理想としての「母性」を語ってもよかったのではないでしょうか。あるいは逆に、「父性」を本能の水準で語ってもよかったはずです。「遺伝子的な根拠がある」としているのですから、不可能だとも思えません。

しかし、実際にはこのような語られ方はせずに、「母性」は本能であり、「父性」は理想として語られている。これには理由があると思います。

本書をここまで読んでこられた方なら、もう想像がついているかもしれませんが、それは「われわれ」（＝男性）と「他者」（女性）という枠組みで「母性」と「父性」が語られているからです。女性もしくは「母性」を「他者」として示し、それを認識し、評価する「われわれ」（＝男性）を作り出しているのです。

しかし、もしそうなら「父性」は論じられないはずだが、実際には「父性」も論じられているではないか、そういう疑問を感じる方もいらっしゃるでしょう。そのとおり、「客体」としては論じることができないのです。だからこそ、「父性」は理想としてのみ語られているのです。つまり、「父性」は「主体」なのです。

「父性」は主体としての「われわれ」が持つべき性質、あるべき姿であり、「母性」は本能という客体である。このことが比較的明瞭にわかる箇所をもうひとつ挙げておきましょう。「母性の条件」（第一章第五節）、「父性の条件」（第三章）と題された箇所の冒頭です。

乳幼児にとって母性がいかに大切かを述べてきたが、ここで母親が母性を持ち、十分に子どもに与えることができるためには、どういう条件が必要かを考えておきたい。（林、一九九九、五二頁）

父性が家族にとって、とくに子どもの心理的発達にとって、いかに大切なものかを説明してきたので、次にどのような性質（または能力）を持てば父性と言えるのかという問題、つまり父性の条件について考えてみたいと思う。（林、一九九六、七五頁）

「母親が母性を持ち」という表現から、「母性」は母親によって「持たれる」もの、すなわち（母親にとっての）「客体」であることはよくわかります。しかし、「どのような性質（または能力）を持てば父性といえるのか」というのはちょっとわかりにくい表現です。これは「主体を語る」ことの困難さから文章に少々無理が生じているのだと考えられます。この文章を読み取るには、「父性」を「理想的な父親」などと読み替えることが必要です。すなわち、「父性」は「父親」そのものであり、「客体」ではなく「主体」なのです。

それでは、「母性／父性」を「客体／主体」として位置づけることによって、この二冊の本は読者にどのような影響をもたらすでしょうか。

まず第一に、すべての問題（原因）を「母性」に押しつけてしまい、「父性」すなわち父親または男性の側にはなんの（本質的な）問題もないという認識をもたらします。「父親の問題」も語られてはいます。しかし、それは「父性」の欠如であり、本来あるべき父親ではないことによって生じているわけですから、本来の父親にはなんの問題もありません。

そのため、「父性」の欠如は、「母性支配」あるいは「母性」のみによるしつけの問題として語られます。

『父性の復権』を最初から読み始めると、まず最初に現れるのは「父性」ではなく「母性」という言葉です。神戸の「女子高生校門圧死事件」を例に出して、その背景に「秩序感覚」がなく「なんらかの原理に従って生活を構成していく」ことができない人格があるとし、さらにその原因を「母性」に求めるのです。

原理の中でいちばん大切なものが「善悪」の原理である。母性による「しつけ」は個々の行為について「よい」「悪い」を注意するが、そもそも世の中にはして「よい」ことと「悪い」ことの違いがあるのだという原理を教えない。（林、一九九六、四頁）

林氏は、このように「母性によるしつけ」の弊害をいくつか説明したのち、「この現象はまさに父性の欠如を示す徴候である」と結論づけています。

この文章が示された段階ではまだ「父性」とは何かはまったく語られていません（ここで初めて登場するのです）。にもかかわらず、これが「父性の欠如」という問題なのだといえるのはなぜかというと、それは「母性」によって問題が生じている、ということを「父性の欠如」と言い換えただけだからです。同様の論理はさまざまな箇所に見られます。

また、父性が欠如している原因は決して語られません。これは「父性」が主体だからです。主体であるがゆえに「何をすべきか」を語ることはできますが、「父性」が欠如している原因を語ることはできません。なぜなら原因を語るためには「父性」を客体として捉える必要があるからです。

一方、「母性」は欠如しても過剰であっても問題を引き起こします。過剰であることは当然「母性」それ自身による問題です。「母性」の欠如もまた、それによって相対的に「父性」が過剰になってしまうために問題なのではなく、欠如していることそれ自体が問題なのです。[5] これは「父性」の欠如とはまったく異なる語られ方です。

「母性」が過剰になったり欠如したりする原因は実にさまざまなものが挙げられています。これも「父性」とは対照的であり、さらにその原因はことごとく「女性」に起因するものとされています。母親が「（母性）本能の存在を否定する」こと（林、一九九九、一二六頁）、女性が「『働け』イデオロギー」を内面化していること（同書、一三六頁）、「女性のロゴス型心理」（同書、一四〇頁）、女性の「青い鳥コンプレックス」（同書、一四二頁）といったものが原因として想定されているのです。

このように、全体として「母性」あるいは母親をめぐってさまざまな問題が発生しており、それを解決するのが「父性」なのだという構成になっているのです。(6)

第二に、女性を客体化し、女性の主体性を否定する認識をもたらします。このことは、『母性の復権』において、母親が何をすればいいかがほとんど書かれていないということに、端的に示されています。「母性の復権」というタイトルであるにもかかわらず、（父親がするべきことがたっぷり書かれている『父性の復権』とは対照的に）母親がするべきことは、ほとんどまったくといっていいほど書かれていないのです。たとえば、具体的提案が示されている最終章の見出しを並べてみると、「壊れやすい母性本能」、「心の余裕」（母親の心の余裕を確保するような環境を整えること）、「父親の役割」、「家族の役割」、「社会の役割――保育園拡充は疑問」、「子育て支援策は、学習を中心にせよ」となります。父親、（母親以外の）家族、社会など、さまざまな人々の役割が示されているにもかかわらず、母親の役割だけが抜け落ちているのです。これが「客体化」ということです。母親は、何かを行う「主体」ではなく、保護されたり、教育されたりする「客体」としてしか登場しないのです。

なぜこのようなことが起こってしまうのかというと、これもまた「母性」が「客体」であり、「父性」が「主体」であるという枠組みがあるためです。『母性の復権』の文脈では、「母性」は過剰であっても問題を引き起こすような本能であるから、母親がそれをコントロールする主体となるべきなのだ、という論理も十分に可能であったはずです。それなら母親が何をすべきなのかも示すことができたはずです。しかしそのような論理構成をとることはできません。なぜなら主体は「父性」なのですから。

すなわち、母親（女性）が何をするべきなのかを考えるためには、主体である「父性」に自らを同化するしかないのです（そしてそれは「許可」されています）。

ここまでの考察で、この二冊の本が本書で説明してきた差別行為としての言説構造を持っていることが、ほぼ解明できたと思います。整理してみましょう。

著者は、まず「母性」と女性（母親）を「他者化」し「見下し」ます。さまざまな「問題のある母親」を示し、「母性」をめぐるさまざまな問題を描くことによって、それらを「他者」とする「われわれ」（＝男性）を形成するわけです。しかし、この「われわれ」は「母性」や「母親」（女性）に対するものである限り男性であるはずなのですが、男性としての視点をぼかし（客観的であるような語り方をし）、父性を（性別から切り離された）普遍的原理であると示すことによって、女性をも含みうる「われわれ」として構成するのです。

「父性」が父親のものであると同時に、女性も持ちうる普遍的なものであるという二重性を持っていることが、あいまいな「われわれ」を形成する道具立てとなっているのです。

ただし、二冊の本という長い文章ですから、このような基本的な骨組み以外にも、別の要素も見られます。そのなかで特に重要なのは「男性性」の位置づけです。客観性を装うためには、母親の問題だけを取り上げるというわけにはいきませんので、父親の問題にも少しは触れざるをえません。しかし、それを「父性」と結びつけてしまうと大きな骨組みが崩れてしまいます。そこで登場するのが「男性性」あるいは「権威主義的な父親」なのです。『父性の復権』のなかでは「男性性」は他者として、悪役を割り振られます。そのうえで「男性性」と「父性」を切り離し、「父性」の普遍性、完全性を救っているわけです。

3 性別役割分業の非対称性

『母性の復権』と『父性の復権』に見られたような「非対称性」は、「性別役割分業」が語られ、それを含むメッセージが交換される際には、かなり一般的に見られることなのではないかと思います。すなわち、女性と男性という差異が、特定の文脈のなかでは、(他者としての)女性と「われわれ」(=男性)という形で語られるのです。そのため、「男は仕事、女は家庭」という性別役割分業は、「普遍的な価値を持つ仕事と、女のものとしての家庭」という非対称なものとなるのです。

「男は仕事、女は家庭」という分業は、現在では「男は仕事、女は仕事と家庭」という分業になっているのだといわれることがあります。確かに、仕事を持つ女性は別に珍しくありませんが、それに見合うだけ男性が家事や育児をしているかというと、とてもそうだとは思えません。この点にこそ、性別役割分業の非対称性があるのです。『父性の復権』における「父性」が男性のものであると同時に普遍的なものであるという二重性を持っていたのと同様、「仕事」も男性のものであると同時に普遍的な価値を持つという二重性を持っているのではないでしょうか。

他者としての女性と「われわれ」という構図が持ち込まれることにより、女性はもちろん「排除」されるわけですが、一方では男性が「われわれ」に埋没し、男性自身の問題が見えにくくなるという問題が生じます。

林氏は「『働け』イデオロギー」というものを、「母性」が欠如する原因のひとつとして挙げています。そしてそのイデオロギーを「女性の問題」と位置づけているようです。しかし、ちょっと考えればわかるように、もし「『働け』イデオロギー」なるものが存在するとしたら、それに強く影響を受けているのは男性であり、むしろそのイデオロギーは男性のものなのではないでしょうか。男性は「われわれ」という「主体」に埋没している（すなわち「同化」されている）がゆえに、「『働け』イデオロギー」に支配されていることになかなか気づかないのです。このように考えると、ある意味では性別役割分業により強く縛られているのは男性であるといえるかもしれません。

注

(1) これらも非常に複雑にさまざまな問題がかかわっているため、単純な議論はできませんが、本書ではこれ以上踏み込みません。
(2)『父性の復権』では「章」とは書かれていませんが便宜的にそのように呼ばせていただきます。
(3) この点について、林氏は異論があるかもしれません。しかし、少なくとも『母性の復権』という書物においては表現されていないという点が重要なのです。
(4) この点については「父性」に遺伝子的な根拠があるという説明とうまくつながらない部分があります。おそらくは「父性」は男性にのみ認められる「本能」的なものと、ここで説明したような「理想」と両方の意味で使われているということなのかもしれません。ここでは、『父性の復権』の多くの部分で使われている意味(理想)で議論を進めようと思います。
(5) 母性が欠如すると母子一体感が失われるからです。
(6)『母性の復権』では問題を解決するのが「父性」であるとは明示的に語られていません。しかし、二冊の本を読み比べれば、そうであるとしか解釈のしようがありません。

第8章 指差しと視線による他者化——安倍首相「こんな人たち」発言

1 なぜこの事例を取り上げるのか

最後に取り上げるのは、二〇一七年七月の東京都議選最終日に、安倍首相が行った街頭演説です。当時の安倍政権は、いくつかの不祥事や疑惑によって強い逆風の中にあり、その中での街頭演説は、一部の聴衆が「安倍やめろ」「帰れ」などと叫ぶ、異様な雰囲気の中で行われました。そして、そのような「野次」(あるいは「コール」)に対抗する形で、安倍首相の「こんな人たち」発言がなされたのです。まず、その様子を比較的詳細に伝えている記事を紹介しておきましょう。

ロータリーの一角に陣取った一〇〇〇人以上の集団は、首相の演説前から、「九条壊すな」などのプラカードや横断幕を掲げ、「安倍やめろ」などのコールを繰り返した。自民党側も、集団を覆い隠すようにのぼりを密集させて対抗した。

首相は選挙カーの上で聴衆に手を振りながら演説を始めたが、「帰れ」コールが続くとヒートアップ。「人の主張を訴える場所に来て、演説を邪魔するような行為は自民党は絶対にしない」と怒りをあらわにした。「誹謗中傷したって何も生まれない。こんな人たちに負けるわけにはいかない」と語気を強めると、聴衆から「そうだ！」と合いの手も入った。(1)

この発言は、新聞やテレビで報道され、そして批判もされました。最も批判が向けられたのは、「こんな人たちに負けるわけにはいかない」という部分で、二八三ページの写真はその発言の瞬間を捉えたものです。しかし、これがなぜ問題なのかはそれほど明確ではありませんし、私の知る限りはこれを「差別」であると告発したものはありませんでした。(2)

そのため、差別問題を扱う本書において、なぜこの事例を取り上げるのか、ということから説明する必要があるでしょう。

「こんな人たち」という言葉それ自体が差別的な意味合いを含んでいるなどと言うことは全くありませんし、前後の文脈を見ても、この言葉が差別に関わる何らかのマイノリティ集団などを指し示しているとも考えられません。「安倍辞めろ」「帰れ」などと叫んでいたことを妨害行為だと規定したことについては、反論の余地があるでしょうが、それをもって差別だというのは無理があるでしょう。つまり、普通に考えれば、この発言は差別とは言えないということになるはずです。

しかしこれは、「結果としての差別」、つまり第1章で説明した人権論の考え方によれば差別には当たらない、ということです。本書の立場では、少し違った捉え方をします。

「こんな人たちに負けるわけにはいかない」

（資料提供　㈱インディペンデント・ウェブ・ジャーナル）

本書（差別論）では、差別を排除行為だと考えます（第1章）。差別論が注目する不当性は、差別する側とされる側の非対称性であり、その非対称性を作り出すのが排除です。排除行為それ自体が、直接権利侵害や暴力被害などをもたらすとは限りませんが、深刻な差別問題の背後には必ず何らかの排除行為が存在し、それが（結果としての）差別を維持再生産しているのです。

このような考え方からすれば、「こんな人たち」発言は典型的な差別発言です。その理由は、これから分析によって明らかにしていくのですが、最初にお断りしておきたいことは、差別発言であると分析したからといって、私は「安倍首相が差別発言をした」と告発したり、「安倍首相は差別者である」と決めつけたりしたいわけではない、ということです。ある見方によれば差別発言だと考えられる、というだけであって、別の（普通の）見方では差別には当たらない、ということを否定するつもりは毛頭ないからです。では、何のためにこの発言を取り上げるのかというと、この発言は、差別の仕組みを非常に明快に示しており、そのために差別というものを理解するために役立ち、差別を見抜き無効化するための知識、つまり「ワクチン」（第4章）として非常に有効だと考えるからです。

2 「こんな人たち」発言は何が問題なのか

先程、マスメディアで最も批判が向けられたのは、「こんな人たちに負けるわけにはいかない」という部分だということは説明しました。では、この発言はなぜ問題だとされたのでしょうか。このことを考えるためにまず、メディアはこの発言をどのようなものとして報じたのかを見てみたいと思います。

まず、先程記事を引用した毎日新聞から見てみましょう。先程の記事では、「怒りをあらわにした」

「語気を強める」としか書かれておらず、首相の発言が何であるのかを直接表現していませんが、他の記事では「聴衆の「辞めろ」コールを「演説を邪魔する行為」と批判し、「こんな人たちに負けるわけにはいかない」と激高した」[3]と書いています。つまり、「批判」の流れの中で、「こんな人たち」発言がなされたという理解です。朝日新聞は「「人の演説を邪魔するような行為を自民党は絶対にしない。憎悪からは何も生まれない。こんな人たちに負けるわけにはいかない」と反論」[4]と、「反論」という表現を使っています。「反論」という表現は他にもあり、日経新聞は「ヤジを飛ばす聴衆に向かって指を指して「こんな人たちに私たちは負けるわけにはいかない」と反論する一幕もあった」[5]と、「こんな人たち」発言それ自体が「反論」だと表現しています。[6]

このように、新聞による表現の多くは、聴衆のコールもしくはヤジに対して、安倍首相がそれを批判、もしくは反論した、という形になっているのですが、このような理解は妥当なのでしょうか。もし妥当だとすれば、批判や反論をすること自体が不当だということはないでしょうから、なぜあの発言が問題なのかは、もう少し説明が必要です。そこで、さらに後の記事まで含めて、問題である理由がどのように表現されているのかを見てみましょう。

日経新聞

都議選で首相が初めて街頭演説に立った一日、ＪＲ秋葉原駅前は騒然となった。「安倍辞めろ」「帰れ」と声を上げる安倍政権に批判的な勢力。首相は「相手を誹謗（ひぼう）中傷したって何も生まれない。こんな人たちに負けるわけにはいかない」と指をさして反論、今回の選挙を象徴する場面だった。受け入れにくい批判の声でも、耳を傾ける姿勢こそ必要ではなかったのか。(7)

毎日新聞

首相がマイクを握ると「帰れ」コールが起き、途中で「辞めろ」の大合唱に変わった。首相は選挙カーの上から指差し、有権者を批判した。(8)

朝日新聞

「こんな人たちに負けるわけにはいかない――」。安倍晋三首相が東京都議選の応援演説で、自らを激しく批判していた人たちを前にこんな一言を発した。多様な世論に耳を傾け、意見をまとめ上げる立場の最高権力者が、有権者を敵と味方に分けるかのような発言、「丁寧に説明する」と強調していた首相の言葉はどこへ行ったのか。(9)

これらの記事から浮かび上がってくるのは、「有権者」という言葉です。日経新聞の記事ではこの言葉は使われていませんが、「受け入れにくい批判の声でも、耳を傾ける姿勢こそ必要」だと主張する背景には、やはりその声が「有権者」（「主権を持つ国民」と表現したほうがその論理はわかりやすいかもしれません）のものだという認識があると思われます。つまり、批判的勢力とはいえ、「有権者」に対して、「批判」「反論」したことが問題視されているようです。でもそれだけで、そんなに問題視されなくてはならないことなのでしょうか。もし本当に反論や批判であったのなら、それがそんなに責められることだとは思えません。安倍首相の弁明は、選挙を妨害する行為があったのでそれを批判したのだ、というものでした[10]。菅官房長官もこの発言を「極めて常識的」だと擁護しています[11]。選挙妨害かどうかは見解が別れると思いますが、それを選挙妨害として批判すること自体は、許容されるはずです。そのため、「批判」とか「反論」という表現は、「こんな人たち」発言の問題性を十分に表現できていないと私は考えます。有権者を批判した、という言い方ももちろん同様です。

では、問題はどこにあるのでしょうか。

多くの新聞では、「指差し」についての言及がありました。「辞めろ」などの声を上げている人たちを指差し、「こんな人たち…」と言った、そのときの指差しという行為そのものが問題であるという可能性はないでしょうか。確かに人を指差すという行為は、状況によっては相手にとって失礼に当たる可能性のある行為です。私もまた、指差しは注目すべき点だと思うのですが、指差し行為それ自体が問題だというのは、やや説得力に欠けるように思います。あとで示すように、私は指差しと他の要素が組み合わさっていることに注目するべきだと考えています。

他には、「分断」という言葉を用いて「こんな人たち」発言を批判するものもありました。「敵」と「味方」に分断する、[12]あるいは「こんな人たち」と国民を分断するといった表現で、[13]国民あるいは有権者を分断することが問題であるという主張がなされたのです。この「分断」という論点についても、私は基本的に賛成ですが、やはりそれだけでは不十分だと思っています。先に理論編を読んだ方はもうお気づきでしょうが、ここでの「分断」は、本書の言葉を使えば「他者化」と表現されます。そして、他者化は同化とセットになっているというのが本書の考え方です。「こんな人たち」発言においても同様で、「分断」は「われわれ」を作り上げる営みと一体のものとして理解する必要があると私は考えます。そして、そのように考えることによって初めて、「分断」の仕組み、方法が理解できるのです。

それでは、これまでの批判や評価に不足していたもの、「指差し」と組み合わせて考える必要のある要素とは何でしょうか。

それは「視線」だと私は考えます。

二八三ページの写真は、安倍首相が「こんな人たち」と発言した瞬間を捉えたものです。この構図は多くの人にとってとても印象的だったようで、インターネットに投稿された写真はこの瞬間のものが非常に多く見られました。

この写真でまず注目していただきたいのは、安倍首相が指を指している方向と、視線の方向の関係です。明らかに両者は一致していません。つまり、安倍首相は「こんな人たち」を指差しながら、「こんな人たち」ではない人に話しかけているわけです。

このことは非常に重要な意味を持っていると私は考えていますが、これまで見てきたような活字メディアでは、十分には表現されていなかったように思います。「こんな人たち」という表現は三人称表現ですから、「こんな人たち」以外の人に話しかけていることがわかるはずだといえばその通りですが、直接的にはそのことが問題として取り上げられているわけではありません。

しかし、テレビやインターネットなどの映像を含むメディアの場合は、二八三ページの写真を見ればわかるように、言葉では表現しにくいものを表現できたのではないでしょうか。そして、そのことが、この問題の影響力の大きさに寄与していたのではないかと私は考えています。

では、「こんな人たち」を指差しながら「こんな人たち」以外に話しかけることは、どのように問題なのでしょうか。おそらくこの発言に腹を立てた人の多くは、「こんな人たち」という三人称的表現であることそれ自体に、不愉快にさせられたのではないかと思います。しかし、それがなぜなのかと問われると、うまく答えることは難しいのではないでしょうか。

そこで、もう少し単純な状況を想定しながら考えていただこうと思います。

私がA、B、Cの三人を前にして話をしていたとします。そして、その時Aが私に何か腹の立つことを言ったとしましょう。

Aの発言に対して私は、Aに向かって「なんてひどいことを言うんだ」と食って掛かるかもしれません。その結果、私とAは言い合いになるかもしれませんが、お互いに言いたいことを言うことはできます。

しかし、Aではなく、BとCに向かって（視線を向けて）、「Aはなんてひどいことを言うんだ。憎悪からは何も生まれないのにね」などと言ったとしたらどうでしょうか。

Aがその場にいるにも関わらず、Aではなくそれ以外の人たち（BとC）に向かって、Aを「批判」する。これは相当に強い緊張を生み出す発言だと考えられます。

このとき、Aは「無視された」と感じるはずです。しかもこの場合の無視とは、いわゆる「スルー」されるという意味での無視ではありません。「スルー」というのは発言がなかったことにされるわけですから、場合によっては「聞こえなかったのだ」という解釈も可能です。しかし、この場合は、明らかにAの発言は聞こえていてそれに反応しています。それにも関わらず、あたかもAがその場にいないかのように、他の人に対してAの発言に対する「批判」を語っているわけです。その意味では、発言がなかったことにされたのではなく、Aという人物が、「いないことにされた」わけです。

Aは当然腹を立て、反論しようとするでしょう。しかし、それは容易ではありません。

もしAが自分に向かって「なんてひどいことを言うんだ」と言われたのなら、それに答えることに問題は全くありません。しかし、自分ではなくBとCが話しかけられたのであれば、それに答えるのはBとCであるべきですから、[14] Aが何か言おうとすれば、それは強引に会話に割り込むことになってしまいます。そのため、Aの反論は、まず自分の発言権を確保するところから始めなくてはならなくなるのです。

もし、BとCがAと友だちであるか、少なくとも「仲間」といった程度の関係があったのなら、私の発言はBとCにとっても居心地の悪いものに感じられるでしょう。それは、単にAが批判されたからだけではなく、Aがいないことにされたからです。もし、BとCが初めからAと仲が悪ければ、BとCにとって私の発言は、「いい気味だ」といった程度のものでしょう。

では、BとAが友だちで、CとAは仲が悪ければどうでしょうか。実はこれが、「こんな人たち」発言の状況に一番近いと考えられます。安倍首相に「みなさん」と話しかけられた人の中には、初めから「こんな人たち」と指さされた人々に反感を持っていた人もいただろうし、逆に、ある程度の共感を持っていた人もいたはずだからです。

Aと仲が悪いCにとっては、Aへの「批判」は歓迎すべきことであって、賛同したり、場合によっては尻馬に乗って攻撃したりするかもしれません。そして、そのことによってBの立場は苦しくなってしまいます。Aをその場にいないかのように扱うというやり方は十分攻撃的に見えますから、もし自分がAを擁護すれば、次は自分が「いない」ことにされてしまうかもしれません。つまり、Aの味方をするのか、この場で存在を認められるのかの二択を迫られるわけです。これが「分断」と言われていることにほかなりません。

これまで考えてきた事例（ABCの事例、ということにしましょう）と、「こんな人たち」発言を巡る状況は、全く同じというわけではありません。ABCの事例は、A、B、Cそれぞれが個人であるのに対して「こんな人たち」の場合は、それぞれに相当するのが個人ではなく複数の人たちです。そのため、複数の人々を一括りにする技術（以下で「カテゴリー化」という言葉で考察します）が必要になります。また、ABCの事例が会話であり、それぞれの人に発言の機会があるのに対して、「こんな人たち」は演説ですから、聴衆は合いの手（「そうだ！」など）を入れたり拍手をしたり、あるいはヤジを飛ばすくらいしかできません。その意味では通所の会話とは異なる仕組みが働いていると考えられます。しかし、以上のような相違にも関わらず、基本的な仕組みは共通していると私は考えています。そして、その基本的な仕組みの上に、演説独特の技術が組み合わされているのです。

そこで、本章では、「こんな人たち」発言の仕組みをより詳細に分析するため、「こんな人たち」に関わる安倍首相の発言を捉えた動画から、発言内容、手の動き、視線の動きの三つの要素を記述したデータを作成し、それに基づいて議論を進めたいと思います。動画はインターネットニュースの「インディペンデント・ウェブ・ジャーナル」が二〇一七年七月一日に掲載したもの(15)を使用し、オンライン上でスロー再生を繰り返しながら発言内容や手の動きなどを読み取りました。作成したデータ(トランスクリプト)は二九四ページのとおりです(16)。

このデータは、三行が一組になっており、一番上の行が発言内容、二番目の行が首相の視線の向き、三番目の行が首相の右手の動きを示しています。視線は右正面を表す「右」や左正面を表す「左」という文字によって方向を示しています。「こんな人たち」と指し示される人々は安倍首相から見て右側に陣取っていましたので、「右」と書かれている部分では安倍首相が「こんな人たち」の方向を向いていることになります(この部分に網掛け)。「—」という表記はその動作が継続することを示しています。

右手の動きは、「手」と書いてあれば手を開いた状態である方向(「こんな人たち」の方向)を指し示す動作、「指」は同じ人たちを指差す動作を表す、と言った具合に文字によって動作を示します(手や指を向けている箇所に網掛け)。

また、この三つの行は、同じタイミングが上下に並ぶように作ってあります。例えば最初の部分は、

トランスクリプト

2017年7月1日　安倍首相東京都議選応援演説の一部

（安倍首相）　みなさん、あのように、人の主張の、訴える場所、に来て、
左――右左――――――――――
マ――手――――――――――

（安倍首相）　演説を邪魔にするような行為を、私たち自民党は絶対にしません。
左――――――右――――左――
指――――下――――――――

（安倍首相）　私たちはしっかりと、政策をまじめに訴えて、いきたいんです。
右――――――――――左――――
下――――――――――――――

（安倍首相）　憎悪からは、なんにも生まれない、相手を誹謗中傷したって、
左――――――――――――――
指――――下――――――――

（安倍首相）　みなさん、何も生まれないんです。
左――――右――――
下――――――――

（安倍首相）　こんな人たちにみなさん、私たちは負けるわけにはいかない。
右――左――――――――――――
指――――――――手――――――

（安倍首相）　都政を任せるわけにはいかないじゃありませんか。
右―正――――上――――右――――
手――――――上――――下――――

※1行目　発言内容
2行目　視線（左ー左正面、右ー右正面、上ー正面上）
3行目　右手（マーマイク、手ー手を向ける、指ー指さす、下ー下に降ろす、上ー上で振る）

安倍首相は正面左を向きながら右手はマイクを持って「みなさん」と話し始め、次に右に顔を向けてその方向を手で指し示し、視線を左側に戻しつつ（手はそのまま）「あのように…」と話し出すことを表しています。

それでは、これからこのデータを用いて、「こんな人たち」発言の詳細な分析を行っていきたいと思います。

3 指差しと視線による分断

最初に、「こんな人たち」発言の核心となる技術である、指差しと視線の連動について考えたいと思います。

トランスクリプトを見ると、安倍首相が「こんな人たち」を手または指で指し示したのは三回です。一回目は、「あのように」から始まる部分で、最初は手で指し示しながら「あのように」と語り始め、「演説を邪魔するような」の部分で指差しに変化します。二回目は、「憎悪からは」の部分で、ここでは指差しだけが使われています。そして最後は、「こんな人たちに」から始まる部分で、指差しから始まって途中から手に変わっています。

それでは、手や指で指し示している間、視線はどのようになっているでしょうか。トランスクリプトを見ていただければわかるように、大部分は左正面、つまり「こんな人たち」とは異なる方向を向いています。例外は三カ所で、その中でも「あのように」「こんな人たち」という言い出しの部分の最初に「こんな人たち」の方向を向いていることが注目されます。

「あのように」の部分は先程も説明したように、まず「こんな人たち」とは異なる方向に向いて「みなさん」と呼びかけた後、「こんな人たち」を手で指し示しながら視線を向け、すぐに視線を左に戻しながら「あのように、人の主張の、訴える場所、に来て…」と「批判」を始めるわけです。このとき、一瞬だけ「こんな人たち」に目を向けたのはなぜでしょうか。

実は、安倍首相は、この発言よりも前の部分でも、視線を左右に振りながら話をしていますし、トランスクリプトでも「私たち自民党は」に続く部分では視線を左右に向けています。これは、左右に大きく広がった聴衆にまんべんなく視線を注ぐということであり、そのこと自体には大きな意味はないでしょう。

このような、大きく広がった聴衆に語りかけるための視線の動きと、あえて「無視している」ことを示すための視線の動きを明確に区別するために、一瞬「こんな人たち」に目を向けることは有効だったのだと私は考えています。

手で指し示すと同時に視線を向けることによって、その一瞬安倍首相の視線は「こんな人たち」を捉えていることが明確になります。そしてそこから、手はそのままにして視線だけを別の方向に向ける、そのことによって、「あえて視線を外した」ことが聴衆にもはっきりと示される。これが、「いるのにいないことにする」技術として機能しているのです。

それでは、「こんな人たち」の部分についてはどうでしょうか。基本的には、「あのように」の部分と同様に、最初は「こんな人たち」の方を向き、その後視線を外すのですが、違っている部分もあります。

トランスクリプトから、「こんな人たち」という発言の直前の視線を見ていただくと、この時視線は最初から右側、つまり「こんな人たち」の方向を向いていることがわかります。そして、一瞬の「ため」の間に（発声する前の動作として）指を突きつけるように指し示し、「あのように」のときよりはやや長く視線を向けてから、左側に向き直っています。

ここで注目してほしいのは、以下の二点です。まず、先に視線を向けている状態から指を突きつけたことであり、このことによって、指を突きつける動作がより攻撃的に見える、ということです。視線を向けた状態から指を突きつけるので、指差しの動作が単に対象を指し示しているという意味ではなく、一種の攻撃として印象づけられるわけです。これは、視線と手が同時である「あのように」や、視線を向けずに指差す「憎悪からは」の部分と比較すればよくわかると思います。そして、二つ目は、視線を向けている時間が「あのように」よりも長く、指と視線が同時に向けられている瞬間が存在することがはっきりと分かる、ということです。これもまた、「こんな人たち」を直接攻撃しているような印象を与える技術だと考えられます。ただ、それはあくまでも一瞬であり、すぐに視線は左側に向けられ、「みなさん」と語りかけられます。そのため、こちら（視線を外す）のほうが本筋であることには変わりありません。(17)

先ほど紹介したＡＢＣの事例では、相手が個人でしたので、視線だけでも誰に対して話しかけているのかは明確でしたが、多くの人と向かい合った演説の場合は、視線だけで話しかける対象を示すことは難しいはずです。しかし、「こんな人たち」の事例では、手や指による指示と視線を組み合わせることによってそれを見事に表現し、「こんな人たち」をその場にいるのにいないかのように扱うことを可能にしたわけです。これが、この事例における「分断」の基本的な仕組みだと考えて良いでしょう。

4 カテゴリー化

ここまでは、指差しと視線によって、大勢の聴衆を相手にした演説であっても「分断」が可能になることを示したわけですが、実はそれだけでは「分断」が完成するわけではありません。個人を対象にするのではなく、多くの人々を「いないかのように」扱うためには、複数の人々を一括りにする「カテゴリー化」が必要だからです。カテゴリー化とは、属性や集団の名前を使用することによって、複数の人々を一括りに扱う言語技術ですが、この事例においても、巧みにカテゴリー化が用いられています。

(1)「自民党」というカテゴリー

「こんな人たち」という印象的な言葉が注目された安倍首相の発言ですが、このようなカテゴリー化は、関連する発言の最初からなされていたわけではありません。一連の発言の出だしは、「あのように」であり、「こんな人たち」ではないのです。両者の違いは、「こんな人たち」が人々を指し示しているのに対して、「あのように」は行為（演説を邪魔するような行為）を指し示しているという点にあります。つまり、最初はまだカテゴリー化は行われていないのです。実際に持ち出された最初のカテゴリーは「こんな人たち」ではなく、「自民党」というカテゴリーであり、このことは非常に重要な意味を持っています。

よく考えてみると、ここで「自民党」というカテゴリーを持ち出すことは、奇妙です。「自民党は（演説を邪魔するような行為を）絶対にしません」という主張は、ある意味当然のことを言っているに過ぎないからです。おそらく他のどの政党であっても、他政党の応援演説を邪魔するようなことはしないはずであり、わざわざそのことを主張しないのは、それが当然すぎるからだと思います。それにも関わらず、この発言に対して、「そうだ！」などの賛同の声が上がったり拍手が起きたりするのはなぜでしょうか。

それは、「自民党はしない」ということは、自民党ではない人たちが邪魔をしているということであり、自民党ではないということは、自民党に対抗する勢力、もしかしたら、他の政党が選挙妨害をしているのかもしれないといった受け止め方がなされたからだと考えられます。もしストレートに、いま演説を妨害しているのは○○党の関係者に違いない、などと主張すれば、大変なことになるのは目に見えていますから、そんなことはできません。そこで、相手ではなく自分たちを「自民党」と言葉で表現して、相手が何者なのかを暗に示す、というやり方をしたわけです。これが少なくともある程度は伝わったからこそ、「そうだ！」などの賛同や拍手が起こったのだと考えられます。対抗勢力は卑怯な手を使っているが自民党はまっとうな訴えをしようとしている、と見えるのです。(18)

なのでしょうか。

(2)「こんな人たち」というカテゴリー

それでは、「自民党」の対極に位置づけられた「こんな人たち」というのはどのようなカテゴリーなのでしょうか。

ここで、問題にしたいのは、実際にどのような人々が「こんな人たち」と名指しされたのか、ということではありません。「左派団体」が動員をかけたものだと主張する人もいるし[19]、たまたま通りかかった人も「コール」に加わっていたという証言もあったりします[20]。しかし、完全に組織だった行動だったわけではないのですから、多様な人々が多様な関わり方をしていたとしか言いようがないでしょう。ここで問題にしたいのは、そういったことの詮索ではなく、安倍首相がどのような意図で、どのように「こんな人たち」を規定したのか、ということです。

では、安倍首相は「こんな人たち」をどのように規定したのか。それはトランスクリプトから明瞭に読み解くことができます。

まず、「演説を邪魔にするような行為」をしている人たち、というのが最初の規定です。先に説明したように、この段階ではまだ言葉としては「行為」を指し示しているだけなのですが、この部分は指差しをしていますので、その行為を特定の人たちに帰属させていることは明らかでしょう。そして、先ほど説明したように「自民党」ではない人々という規定をし、そのことから自民党に対抗する勢力であることを匂わせています。

次に、指を指しながら「憎悪からは」と言うことにより、憎悪を持って妨害をしていると非難をし、さらに、「誹謗中傷」という言葉まで持ち出しています。この部分では、「憎悪」「誹謗中傷」というかなり強い言葉が用いられているのですが、これは、「こんな人たち」がいないことにされているからこそ可能になった表現だということに注意してほしいと思います。相手に面と向かって、「あなたは憎悪から妨害している」とか「誹謗中傷している」と非難することは、相当に強い表現ですから、強い反発を覚悟しなくてはならないはずです。しかし、安倍首相は「こんな人たち」に向かって話しているのではなく、「こんな人たち」はその場にいないかのように無視されているわけですから、これほど強い表現でも安心して使えてしまうのです。[21]

そして、「憎悪」「誹謗中傷」という非難の言葉を受けて、「こんな人たち」というカテゴリー化が行われます。つまり、「こんな人たち」は演説を妨害する自民党の対抗勢力であり、憎悪から行動し、誹謗中傷を行うような人たち、という意味を持たされているわけです。

「こんな人たち」が自民党の対抗勢力であるというイメージは、一連の発言の最後でもう一度補強されます。それは、「都政を任せるわけにはいかないじゃありませんか。」という部分です。この発言からは、安倍首相が「こんな人たち」を都議選で戦っている相手だとみなしているように見えます。これはかなり強引な主張ですが、[22]ここまでの流れ（勢い）のなかで、疑問を持ちにくいようになっていたのかもしれません。

5 同化メッセージ

「こんな人たち」を指差しと視線を利用して分断し、「憎悪」「誹謗中傷」などの言葉で「悪者」だと規定する。そのような技術をこれまで見てきたわけですが、それでは、最終的に安倍首相の目的は何だったのでしょうか。もちろん、「辞めろ」「帰れ」などと野次られて腹に据えかねていた、ということもあるかもしれませんが、ただ感情のままに発言してしまったということではないでしょう。応援演説として、何らかの意味がある発言をしていたはずであり、そのことは、「都政を任せるわけにはいかないじゃありませんか」という締めくくりにも現れています。

では、この一連の発言は、応援演説としてどのような意味を持っていたのでしょうか。この問いに答えるには、「みなさん」と「私たち」という言葉に注目する必要があります。

まず冒頭の、「みなさん、あのように、人の主張の…」という部分に注目します。このとき、「みなさん」と「あのように」が連続して使われ、しかも「みなさん」と呼びかけた方向を向いて、指差しながら「あのように」と語ることにより、「みなさん」と「こんな人たち」が分断されます。つまり、これ以降の「みなさん」は、「こんな人たち」以外の人々を示すことになるわけです。

一方、「私たち」は最初、「私たち自民党」「私たちはしっかりと、政策をまじめに訴えて、いきたい」というように、安倍首相を含み、「みなさん」を含まない形で規定されます。つまり、「私たち」（を代表する安倍首相）が「みなさん」に訴えている構図です。

しかし、この構図は最後には変わっていきます。それがはっきりわかるのが、「こんな人たちにみなさん、私たちは負けるわけにはいかない」という部分です。この発言の「私たち」は誰でしょうか。誰が「負けるわけにはいかない」のでしょうか。

「こんな人たち」を、攻撃的に指差しながら、「みなさん」、と呼びかけ、「私たちは負けるわけにはいかない」と主張する。このときの「私たち」は、「みなさん」を含んだ「私たち」だと解釈するのが妥当でしょう。つまり、「こんな人たち」に対して、「私たち」は戦っていこうと呼びかけているのです。

このように、主語がいつのまにか「自民党」から「聴衆を含む私たち」にすり替わっており、ある意味では聴衆の視点から語るように変化しているからこそ、最後の「都政を任せるわけにはいかない」という表現が意味を持つのです。都政を任せるのは自民党ではなく、有権者ですから、この部分の表現の主語は「聴衆を含む私たち」でなくては意味が通りません。もし「私たち自民党」が「みなさん」に語りかける構図のままなら、「（みなさんは）都政を任せてもいいのですか」とか「都政を任せてはいけません」といった表現になるはずです。

つまり「こんな人たち」を敵とすることによって、自らと聴衆を一体化した「私たち」を形成し、聴衆を自分の側に取り込んでいるのです。

実は、この構図をつくるために、細かいけど重要な技術が使われています。それは、「相手を誹謗中傷したって」という部分です。ここで使われている「相手を」という言葉は、よく考えると少し奇妙ではないでしょうか。「相手を」というのは誰に対する誹謗中傷なのかをまったく示していないので、ほとんど意味のない表現です。実際、この言葉を省略しても意味は変わりません。それならば、「私を」とか「自民党を」といったように、誹謗中傷する相手を特定し、誰に対するどの「誹謗中傷」なのかを具体的に示した方がよかったのではないでしょうか。

しかし、私はこの言葉には重要な意味があると考えています。それは、誹謗中傷する相手をあいまいにする、ということです。例えば、「私を誹謗中傷する」と言ってしまうと、それは私と「こんな人たち」との関係になってしまいます。それを聞かされる（「こんな人たち」以外の）聴衆は、第三者的な位置に置かれるわけです。もちろん、「私」を「自民党」に置き換えても同じです。

しかし、「相手を」という言葉を使うことによって、「誹謗中傷」する相手が曖昧化され、特定できなくなります。そのため、「誹謗中傷」する人だけが浮かび上がるわけです。そして、「誹謗中傷する」ことがあたかも「こんな人たち」の属性であるかのように見せることによって、誰もが「誹謗中傷」の被害者になりえることを想定させ、「(可能性としての) 被害者」という共通性に基づく「私たち」を形成し、「こんな人たち」との対立を作り出しているのです。(23)

以上の分析から、私の結論は、「こんな人たち」発言は、聴衆を「われわれ」として自分の側へ取り込むためのものであった、ということです。この「取り込み」を私は「同化」と呼んでおり、同化のための具体的な発言が「同化メッセージ」なのです。

本省の最初の方で、「分断」だという評価は間違いではないがそれだけでは不十分だと書きましたが、これは「分断」(本書の言葉では他者化) と「同化」がセットになって、「排除」という営みを作り出しているからです。

6 「こんな人たち」発言は成功したのか

それでは「こんな人たち」発言は最終的に成功したのでしょうか。

まず、前節で説明した「同化」という意図に即して考えてみます。もし、「同化」が成功したとするなら、安倍首相の言葉によって、「こんな人たち」と対峙する「私たち」に取り込まれる人が出たはずです。すなわち、もともと安倍首相または自民党を支持していたとは限らない人が、「こんな人たち」への反感を掻き立てられることによって、そういった人たちに「負けない」ように、安倍首相または自民党を支持しようという気になった、ということがどの程度起こったのかが、「同化」の成否の基準になるでしょう。

実際にこれを定量的に（例えば何割、といった数値的表現で）把握することは困難、あるいはほとんど不可能でしょう。ただ、文章による現場の記述や動画などを見る限り、拍手や賛同の声がかなり聞かれたようですので、その場の「雰囲気に呑まれた」人がある程度いたとしても不思議ではないと思います。そういう意味では、「その場では」ある程度成功していた可能性がある、と私は思います。

しかし実際には、安倍首相のこの発言は、都議選の敗因の一つではないかとさえ言われたのですから、むしろ反感の方が多かったのではないかと考える人も多いでしょう。そのため私は、「その場では」という留保をつけたのです。そして、「その場」以外の局面では、また違った評価が与えられると思うのです。

「その場」以外の局面での評価に移る前に、もうひとつの評価基準について説明したいと思います。

それは、もともと安倍首相または自民党を支持していた人にとって「こんな人たち」発言はどのような意味を持っていたのか、ということです。

安倍首相のある種の支持者にとって「辞めろ」「帰れ」と叫んでいる人たちは、初めから目障りな存在だったはずです。そのため、演説会を運営する人や演台に立つ人に対して、そのような人たちをなんとかしてほしい、という期待があっただろうし、手をこまねいていることに対して、失望感を感じた人がいたかもしれません。

これは、必ずしも確証があるわけではありませんが、安倍首相はそのような人々の期待にも答えようとしたのではないかと思います（一般論として、そう考えても不思議ではないだろう、ということです）。

もしそうであるなら、安倍首相はどのようにして期待に答えようとしたのでしょうか。私は最後の「こんな人たち」という発言がそれに当たると考えています。

すでに説明したように、「こんな人たち」という発言の前後の視線や手の動きは、他の部分と比べて攻撃的です。まず「こんな人たち」の方向を見据えてから指を突きつけるような動作をし、（他の場面ではすぐに目をそらしたのに）わずかな時間ではありますが、視線と指差しを同時に「こんな人たち」に向ける。この動作は「攻撃している」という印象を与えることに寄与したと考えられます。しかし、それは一瞬で、すぐに（指差しは残したまま）視線は「こんな人たち」以外の人々に向けられて、「みなさん、私たちは負けるわけにはいかない」と続けるのです。

私の考えでは、これは「見せるための攻撃」です。「ほら、この通り私はこいつらにビシっと言ってやったぞ」という訴えなのだと思います。そして、このパフォーマンスがある程度成功したからこそ、拍手と同意の声が沸き起こったのだと思います。

「こんな人たち」を「過激な左派活動家」だとみなし、その人たちを「敵」と位置づけるような、安倍首相のある種の支持者たちは、安倍首相の演説によって「やはり安倍首相は奴らと戦ってくれる、私たちの味方だ」と満足したかもしれません。安倍首相はそのような効果を初めから狙っていたかどうかは定かではありませんが、決定的な言質を取られることなく（「こんな人たち」としか言っていません）支持者を満足させられたのなら、それは成果と言うべきなのでしょう。そして、そのような支持者たちにとって、「こんな人たち」は安倍首相お墨付きのある種の「差別語」として運用されてしまう可能性があると私は思います。[24]

それでは、「その場」以外の局面の評価に移りましょう。私が重視するのは、「こんな人たち」発言の効果に対して映像メディア（テレビやネット動画など）が果たした影響力の大きさです。活字メディアが「こんな人たち」発言の意味を十分に伝えることができなかったのは、視線と指差しによる効果を十分に表現できなかったからでした。しかし、映像メディアはそれを生々しく伝えることができました。安倍首相が、指差しながら別の方向を向いて「こんな人たち」と叫ぶ姿は、非常に大きなインパクトをもたらしたと考えられます。

しかしそれだけではありません。映像メディアはあるものを映す代わりに、別のあるものを見えなくしていたのだと思います。

このことについては、メディアが印象操作をしたという批判もあるようです。[25]「こんな人たち」発言だけを強調し、（選挙妨害をしていた）「こんな人たち」の行動を十分映していなかった、ということなのでしょう。

しかし私は、どのような編集の仕方をしても、仮に「辞めろ」「帰れ」などの声を十分に取り上げていたとしても、「こんな人たち」発言自体を映している限りは、それほど結果は変わらなかったと思います。

印象操作だと批判する人たちは「こんな人たち」を選挙妨害をしている過激な左派活動家だと考えるのでしょうが、それを言葉で表現するのではなく、映像として映すということは、どのように評価するのかは視聴者に委ねられる、ということです。選挙妨害に見える人もいれば、正当な市民の声に聞こえる人もいるでしょう。つまり、印象操作といっても、ある人にとっては「メディアは選挙妨害行為を無視した」となり、別の人にとっては「メディアは市民の声を無視した」となるわけです。そして、この件に関しては、「こんな人たち」にある程度の共感を寄せる人が相当の割合に達したからこそ、都議選はあのような結果になったのでしょう。

では、映像メディアは何を見えなくしたのか。それは、「こんな人たち」という安倍首相の発言の瞬間の「こんな人たち」です。

二八三ページの写真を見てください。安倍首相がどこかを指差している様子はとらえられていますが、その指の先に何があるのかは、フレームの外側になっていて見えません。つまり、「こんな人たち」発言それ自体をしっかりと映そうとする限りは、その瞬間の「こんな人たち」を同時に映すことはほとんど不可能だということです。そのため、「こんな人たち」発言がしっかりと「見えて」しまうのです。

実は、現場にいた人にとっては、必ずしも「こんな人たち」発言それ自体が十分見えていなかった可能性があるのです。安倍首相が「こんな人たち」と言いながら指を指した瞬間、それを見ていた人たちの意識は「こんな人たち」に向かいます。実際に視線を動かす人もいたかもしれませんし、視線は動かさなくても、それまで見ていた「こんな人たち」の様子を頭に思い浮かべたりするでしょう。そのため、安倍首相の動作それ自体は、意識の中心から外れてしまうのです。これが「こんな人たち」発言それ自体が「見えない」、ということです[26]。

映像メディアの場合、フレームが固定されており、そのため、安倍首相の動作だけが目に見える形になっています。そのため、ある意味では、現場にいる人以上に「こんな人たち」発言がしっかりと

「見える」ことになったわけです。

以上のような要因が関与し、大局的には、「こんな人たち」発言は、安倍首相または自民党にとってマイナスの効果を持つことになったのだと思います。しかし、先に述べたように、安倍首相の一部支持者にとっては、(安倍首相にとっての)効果を上げた可能性もまた、考えておく必要があるでしょう。

7 ワクチンとしての「こんな人たち」発言

最初にも書いたように、この章の分析の目的は、安倍首相を非難することではありません。ここでは「こんな人たち」発言を差別として取り上げましたが、こんなのは差別ではないと主張する人がいても、それに反論する気はありません。差別だと告発することが目的ではないのです。では、何のための分析なのか。それは、「こんな人たち」発言をワクチンとして活用できるようにすることです。

本書における私の、差別をなくしていくための戦略は、同化メッセージを無効化することです。同化されようとしている人たち、取り込まれようとしている人たちが、これは自分を取り込もうとする戦略なのだと見抜き冷静に対処できれば、その戦略の力は弱まるはずなのです。

これまでの分析から明らかになったように、安倍首相は「こんな人たち」に面と向かって批判したり非難したりしたわけでもないし、選挙妨害をやめさせようとしたのでもありません。「こんな人たち」によって、聴衆を味方につけるという自分の目的のために利用しようとしたのです。そのことに、事後的にではなく、その場で気がつくことができれば、安易に取り込まれなように抵抗することができるようになるのではないでしょうか。そのためにワクチンが役に立つと私は考えているのです。

ワクチンという言葉には、免疫力をつける、という比喩的な含意があります。「こんな人たち」発言から学ぶことができれば、同じような状況に遭遇したときに、「これは「こんな人たち」発言と同じだ」と気づき、取り込まれないように抵抗することができるようになるかもしれません。これが、ワクチンによって免疫ができた、ということです。

具体的な事例をワクチンとして機能させるためには、その事例における同化メッセージを読み解く必要があります。本章の分析はそのためのものだったわけです。

しかし、「こんな人たち」発言の場合は、多くの言葉を尽くして説明することよりも、一本の動画、あるいはその瞬間を捉えた一枚の写真のほうが、より大きな説得力を持つかも知れないと私は考えています。二八三ページの写真は、あまりにも見事に、「こんな人たち」発言の性質を捉え、私が同化メッセージという言葉によって説明しようとしたことを、雄弁に語っています。その意味では、この事例に関しては、動画や写真それ自体が、ワクチンとして有効なのかもしれないと思います。

ワクチンは、ただそれが知られているだけでは機能しません。具体的な場面において、呼び出されることによって「気づき」を作り出し、その気づきが共有されることによって初めて強力な力を持つのです。

そのためには、本書を読んでいただいたみなさんが、様々な場面における「こんな人たち」発言を見つけ出し、安倍首相の発言との共通性を指摘していくことこそが、ワクチンとしての有効性をさらに高めていくはずだと思います。

注

（1）毎日新聞二〇一七年七月二日二九面　「首相演説アキバハラハラ　「やめろ」コール vs「負けない」」

（2）この発言そのものが差別だと主張したものは見つけることができませんでしたが、ヘイトスピーチと共通点があるという見解は見られました。（毎日新聞二〇一七年七月十日夕刊２面　「特集ワイド「こんな人たち」と国民を分断　安倍さんの本質」）

（3）毎日新聞二〇一七年七月四日二九面「首相遠い「丁寧な説明」こんな人たちに負けるわけにいかない」
（4）朝日新聞二〇一七年七月二日二面「首相、初の街頭応援演説　都議選最終日秋葉原で」
（5）日経新聞二〇一七年七月二日三面「首相「帰れ」コールに反論　こんな人たちに負けない」
（6）読売新聞では「「人が主張を訴える場所に来て、演説を邪魔するような行為を自民党は絶対にしない。誹謗中傷からは何も生まれない」と語る一幕もあった」（二〇一七年七月二日三面「最後は党首戦　重点区で街頭演説」）と、「こんな人たち」発言への言及自体がありませんでした。また、産経新聞では、安倍首相が演説をした会場でのある出来事についての記事はありましたが、安倍首相の発言についての言及はありませんでした（二〇一七年七月二日二七面「首相演説の場に籠池氏「一〇〇万円直接渡したい」」）。
（7）日経新聞二〇一七年七月四日三面「おごり・緩み、もろさ露呈　安倍1強危機感薄く　保守層、都民フに流れる」
（8）毎日新聞二〇一七年七月四日二九面「首相遠い「丁寧な説明」こんな人たちに負けるわけにいかない」
（9）朝日新聞二〇一七年七月六日三二面「首相発言問題ある？ない？　都議選応援　聴衆の批判に反論」
（10）毎日新聞二〇一七年七月二十五日二九面「安倍首相「こんな人たち発言」陳謝」
（11）朝日新聞一〇一七年七月六日三二面「首相発言問題ある？ない？　都議選応援　聴衆の批判に反論」
（12）同上
（13）毎日新聞二〇一七年七月十日夕刊二面「特集ワイド「こんな人たち」と国民を分断　安倍さんの本質」
（14）サックスら（Sacks 他 ,1974）は、会話において次に誰が話し手となるのかを定める手続きを明らかにしましたが、その際の最も優先度が高いものが、今の話し手による指定、つまり、今の話し手によって呼びかけられたり質問をされたりした人に次の話し手としての権利と義務を与える手続きだとしました。このような手続きによって、BとCが発言権を得るわけです。
（15）https://iwj.co.jp/wj/open/archives/387185
（16）トランスクリプトの記法については、視線の動きを分析した山崎敬一氏のトランスクリプト（山崎 ,1994）を参考にしました。

(17) この事例は、基本的に「被差別者」を「否定・不在」として扱う、象徴的排除（本書八六ページ）だと考えられますが、「こんな人たち」を直接攻撃しているような印象を与えようとしているということは、攻撃的排除（八三ページ）としての性質も持っている、ということになると思います。このことは、この「こんな人たち」発言の成否の評価にも関わってきます。

(18) 本書で説明してきた差別に関わる事例では、「差別される側」（この場合は「こんな人たち」）のカテゴリー化が目に見える形で行われ、「差別する側」は「われわれ」として不可視化されるというのが基本的なパターンでしたので、この事例はそこから外れているようにも見えます。しかし、ここでの「自民党」というカテゴリーは、「われわれ」ではありません。後に見るように、「われわれ」はやはり「こんな人たち」を参照することによって形作られるのです。

(19) 産経ニュース二〇一七年十月二四日配信「安倍晋三首相の演説を妨害した「こんな人たち」を封じた聴衆の「声」「選挙妨害をやめろ」はメディアにも向けられた」(https://www.sankei.com/politics/news/171024/plt1710240088-n1.html)

(20) 朝日新聞二〇一七年七月六日三二面「首相発言問題ある?ない? 都議選応援 聴衆の批判に反論」

(21) 本書の言葉で言えば、他者の抽象化（九八ページ）が生じている、ということです。

(22) 「辞めろ」「帰れ」と叫んでいる人たちがすべて特定の対立候補の支持者であることが明らかなわけではないからです。

(23) これは、本書の第2章で説明した他者の客体化（一〇〇ページ）の一つの発展形です。

(24) 「こんな人たち」という言葉がある種の差別語だと主張するためには、まず差別語がどのようなものなのかを説明する必要があります。そこで、補論として、私なりの差別語の見分け方を書くことにしました。

(25) 産経ニュース二〇一七年十月二十四日配信「安倍晋三首相の演説を妨害した「こんな人たち」を封じた聴衆の「声」「選挙妨害をやめろ」はメディアにも向けられた」(https://www.sankei.com/politics/news/171024/

plt1710240088-n1.html)

(26) もちろん、全員がそうだというわけではなく、発言それ自体をしっかり見た人もいるでしょう。しかし、ある程度の割合の人が、意識を「こんな人たち」に向けてしまったことは疑いないと思います。

〈補論〉

差別語簡易判定法

最後の章で、「こんな人たち」という言葉が差別語として機能する可能性について言及しましたが、差別語がどのようなものであり、どのように判定できるのかという点については、本書では十分説明してきませんでした。

実はこの点に関しては、私は自分なりの見解を持っていたのですが、考えてみればきちんと文章にしたことはなかったかもしれません。そこで、この機会に私なりの見解、「差別語簡易判定法」を披露したいと思います。

考え方のベースになるのは、同化主導型差別に含まれる象徴的排除という考え方です。これは、もう一方の類型である、利害関係主導型差別や、同化主導型差別の中でも攻撃的排除においては、使われる言葉の攻撃的性質は明らかなので、差別語かどうかが争われることはあまりないはずだからです。

しかし、象徴的排除の場合は、「差別者」には「被差別者」への攻撃の意図がなく、ある言葉を「差別語」として使用しているという自覚が生まれにくいので、差別語であるかどうかをめぐる論争が生じやすいと考えられます。また、ある言葉が象徴的排除に用いられるかどうかは、その言葉の「力」の目安として有効であり、それは攻撃の言葉としての「力」にもつながるはずだと思います。その意味でも、象徴的排除に用いられる可能性があるかどうかは、「差別語」の判定基準として有効だと私は考えています。

象徴的排除では、差別語（被差別カテゴリー）は、「否定・不在」として用いられます。つまり、「～ではない」ことを前提とし、「～ではない」ことを事実として作り出し、そのような人たちはここにはいないし、その存在は現実的ではないように扱うわけです。ある言葉が、「否定・不在」を作り出す「力」を持つかどうかが端的に現れるのは、儀礼的排除という行為においてだと思います。

儀礼的排除とは、本来「被差別者」でない人を、「被差別者」と何らかの近接性を持つという理由で、忌避、侮蔑、攻撃などの対照にすることです（九四ページ）。そして、儀礼的排除に対して、「私はそのようなものではありません」と強く否定させ、その証として、攻撃や忌避に参加させ、差別が連鎖していくわけです。ということは、ある言葉が差別語としての「力」を持つかどうかは、「私はそういうものではありません」と言わせる力があるかどうか、ということに最も端的に示されているのではないでしょうか。

以上のような考えから、私が差別語であるかどうかの判定テストとして提唱するのは、「まさか、〇〇ではあるまいし」という表現の「〇〇」の部分に判定したい言葉を入れてみる、というものです。

判定の基準は、それが「〇〇」であることを強く否定する力を持ちえるかどうか、ということにあります。

例えば、本書の第2章で示した「つんぼ」という言葉をめぐる事例（七四ページ）の「つんぼ」という言葉の場合は、「まさか、つんぼではあるまいし」となります。もしこの表現が十分に意味を持ち、その意図が了解できると感じられるなら、その限りにおいて、「つんぼ」は差別語としての力を持つ、と判定されるわけです。

通常「差別語」とされるような言葉を色々と入れて考えてみましょう。

「まさか、部落民ではあるまいし」「まさか、外人ではあるまいし」「まさか、おかまではあるまいし」「まさか、かたわではあるまいし」…

少なくとも私には、いずれも状況によっては意味を持ちえる表現であると思えます。

これを例えば、「まさか、被差別部落出身者ではあるまいし」「まさか、外国人ではあるまいし」「まさか、同性愛者ではあるまいし」「まさか、障害者ではあるまいし」といった表現に置き換えてみるとどうでしょうか。

両者の違いは、人によって感じ方には差があると思いますが、「まさか、〇〇ではあるまいし」という表現の中に入れるとするなら前者のほうがよりふさわしい、と思えるのなら、そのふさわしさの差こそが、前者が「差別語」としての性質を相対的に強く持っているということを示しているのだと思います。

では、「まさか、女ではあるまいし」というのはどうでしょうか。大人ではあまり考えにくいかもしれませんが、男の子が、あまり「男らしくはない」とされる振る舞いをしたときに、一時的に「女」であるかのように扱われてバカにされるということがあるかもしれません。それに対して、自分はそのようなものではないと強く反発するのなら、「まさか、女ではあるまいし」という表現は意味を持つと思います。つまり、その限りにおいて、「女」という言葉も差別語として機能する可能性があるということです。

一方、「まさか、男ではあるまいし」という表現はどうでしょうか。もしこの表現が、女性あるいは女の子たちの間で、強く否定するように仕向ける力を持ちえるのなら、やはりその限りにおいて差別語として機能する可能性があるということになるのです。

以上のように、この判定法は、ある言葉を、いついかなる場合であっても客観的に差別語だと断定するものではありません。特定の文脈において「差別語」として使用可能であるかどうかを、言葉の使用者の言語感覚に基づいて判定するわけです。ですから、特定の言葉を禁止用語に指定したり、言葉の使用それ自体を批判、非難したりするためのものでもありません。

それよりもむしろ、この判定法は、実際の文脈の中での言葉の意味を考えるためのガイドラインとして役に立つのではないかと思います。

いくつか実例を上げて考えてみましょう。

「まさか、サヨクではあるまいし」や「まさか、反日ではあるまいし」という表現はどうでしょうか。「サヨク」や「反日」だという疑いをかけられ、それに対して自分はそんなものではないと躍起になって否定せざるを得ないように思わせる力がもしあるなら、それらは「差別語」です。一方、「まさか、ネトウヨではあるまいし」という表現も同様の力を持つのかもしれず、そうであるならやはり「差別語」だと言わざるを得ません。

ただ、注意してほしいのは、「サヨク」「反日」「ネトウヨ」といった言葉で指し示される人たちを嫌うことそれ自体を問題視しているのではないということです。「サヨク」や「反日」が嫌いであっても、「ネトウヨ」が嫌いであっても、そのことをここでは問題にしてはいません。

最初に書いたように、「まさか、〇〇ではあるまいし」という表現による判定が意図しているのは、儀礼的排除に用いられる可能性を見極めることです。つまり、「サヨク」や「反日」や「ネトウヨ」を擁護したり、関係を持ったり、攻撃を控えようとする人たちに、「おまえもサヨク（反日、ネトウヨ）なのか？」とつめより、攻撃を加え、否定させるように圧力をかけるようなことが行われるのなら、その程度に応じて「差別語」だと認定できるということなのです。

そういう意味では、少なくとも私の感覚では、この三つの言葉には温度差があるように思えます。「反日」という言葉は、他の二つに比べて、特に「まさか、反日ではあるまいし」という表現が力を持つ可能性が高いように思えます。そして、その意味において、この言葉は危険な言葉であると思います。

最後に、第8章で扱った「こんな人たち」という言葉について考えてみましょう。

「まさか、こんな人たちではあるまいし」

どうでしょうか。おそらくネット上では、この表現が意味を持つような形で「こんな人たち」という言葉は実際に使われたはずです。その意味では、この言葉は差別語として使われる可能性を持つ言葉だといえるでしょう。特に、安倍首相の言葉であり、首相のお墨付きの言葉なのだということが、この言葉の力を強めている可能性があります。

「こんな人たち」という言葉は、どこでも用いられるごく一般的な表現ですが、それでもなお、使い方によっては差別語として機能しうるのです。そして、そのような一般的な言葉を差別語として機能させる技術こそが、第8章で明らかにしたことなのです。

おわりに

私は本書を、まだ発展途上の、いわば「未完成品」だと考えています。それは、本書が十分な実証研究や批判的に検討されつくした理論研究を下敷きにしているのではなく、ほとんどの部分が著者のオリジナルな考察によって構成されているからです。本書における私の主張は、差別の定義から、排除の理論、認識のズレの原因、差別の連鎖、ワクチンによる無効化など、非常に多くの論点を含んでおり、本来なされるべき、個々の論点の検証もまだ十分ではないと私は感じています。

そういう状況にありながら、出版に踏み切ったのは、多少「未完成」な部分があろうとも、とにかく差別論の全体像を提示する必要があると考えたからです。

読んでいただければわかると思うのですが、本書は第1章の「差別の定義」から、第4章の「差別論の射程と解放の戦略」までを通して読むことによって、初めてそれぞれの部分の意味がわかるという構造になっています。第1章の「差別の定義」だけを独立させても、それだけではそのような定義が必要である本当の理由はわかりません。第2章の「排除の理論」にしても、（ある意味で特殊な）差別の定義を前提にし、ある実践的な目標を想定することによって、初めて私の意図が理解できるのではないかと思います。

そのため、まずはそれぞれの部品を組み合わせて見せること、それぞれの部品が全体の構造のなかで持っている役割を示すことが、最初のステップとして必要なのだと考えたのです。

本書は、読みやすさをできるだけ優先させたいという考えから、ほかの研究の参照や引用は最小限にとどめましたが、実際にはもちろん、本文では参照しなかったさまざまな研究の影響を受けています。そこで、本書の成り立ちの経緯を説明しながら、それらの研究も紹介しておこうと思います。

本書の最も基本的な枠組みである「三者関係モデル」というアイデアを私が得たのは、今から三〇年近く前になります（佐藤、一九九〇）。これは江原由美子氏の「『差別の論理』とその批判」という論文（江原、一九八五）で提起された「問い」に対する私なりの答えでした。そういう意味でも、江原氏のこの論文こそが差別論の出発点であると思います。

当初の「三者関係モデル」はただ単に差別行為の「形式」を記述するようなものでしたが、それに「われわれ」という視点を重ね合わせるきっかけになったのが、エスノメソドロジーとの出会いで、とりわけドロシー・スミス氏の社会学批判には大きな影響を受けています。本書の「他者の客体化」という概念は、スミス氏が社会学の視点を批判する際に使った「客体化の様式」という概念とほぼ重なり合います（Smith, 1989）。「客観的な視点」では「差別」という問題は解けないのだ、なんらかの形で「主観的な視点」による理論を作っていこうという方針は、ここからスタートしました。スミス氏の社会学批判は本書のもうひとつのルーツです。

しかし、スミス氏のその後の研究の展開と本書に至る私の研究はかなり異なるものになってしまったと思います。スミス氏の「インサイダーソシオロジー」が必要だという主張に共感し、私もまた自分の理論的方法を「インサイダーソシオロジー」と呼ぼうと思うのですが（佐藤、一九九四）、これはスミス氏が構想したものとは別のものなのだと理解していただいた方がいいかもしれません。

私が考える「インサイダーソシオロジー」は、未だにそれがどんなものなのかをうまく説明できません。ひとつだけいえることがあるとすると、それは「われわれ」を基本概念のひとつとするということだと思います。

「われわれ」は本書の最も重要なキーワードですが、私がこの言葉にこだわり始めたのは一九九四年ごろ（日本社会学会大会報告）です（当時は「Ｗｅカテゴリー」と呼んでいました）。発想のきっかけはハーヴェイ・サックスの「ホットロッダー」にあります（Sacks, 1979）。しかし、いくら考えても明確な概念として定着せず、そのことは長い間悩みの種でした。

最終的に、「これならいけそうだ」という手答えを感じたのは、言語学における“inclusive we”と“exclusive we”の区別を知ったときです。“inclusive we”に限定することによって、「われわれ」の持つ不思議な性質をある程度説明できると考えたのです。

差別の定義に関する議論は、一九九八年の日本解放社会学会大会での報告がベースになっていますが、本書では「差異の不当性」と「関係の不当性」という概念を取り入れたため、当時の構想とはまったく異なるものになっています。

第4章で説明した「ワクチン」という考え方は、大阪府が行った府民意識調査の報告書（佐藤、二〇〇二）で初めて使ったアイデアですが、それ以前に本書にも収録した「無人警察」の分析（佐藤、一九九六）でも、差別事例の分析が「教材」になるのではないかというアイデアはすでにありました。

本書は二〇〇五年の初版発行以来、差別問題の研究者、特に理論に関心がある人たちの間では、それなりに評価をされてきたと私は受け止めていますが、著者としては、その主張の核心だと考えている部分、（副題でもある）偏見理論の批判とか、差別の告発ではなく無効化を目指すという方針とか、「ワクチン」という考え方といった部分について、十分に伝えることができなかったのかも知れないと感じていました。

そのような中、転機となったのは、二〇一八年七月の東北社会学会大会において、差別問題をテーマにしたシンポジウムでの報告を依頼されたことです。この依頼について検討していたとき、私は二〇一七年七月の安倍首相「こんな人たち」発言のことを思い出しました。この発言について私は、三者関係モデルによる説明がうまく当てはまり、ワクチンとしても有効な事例だと感じていたため、この機会にきちんと分析してみようと思い立ったのです。

実際に分析してみると、「こんな人たち」発言の分析対象としての価値は予想以上に高く、そこから様々な「発見」を引き出せることがわかりました。そして、シンポジウムの報告後、これをどのように文章化するのかを考えている際に、本書に付け加えるというアイデアを思いついたのです。

本書を書くにあたっては、多くの方のお世話になりました。日本解放社会学会のメンバーとのディスカッションは、私に多くの刺激を与えてくれましたし、最終段階では草稿へのコメントもいただきました。

本書がまだ完全に形になっていない段階では、山田富秋さんと江原由美子さんに途中までの草稿を見ていただき、コメントをいただきました。このまま書き続けてもいいものなのか、十分に自信がなかったので、とても勇気づけられました。

ほぼ原稿ができあがってからは、中河伸俊さんに原稿を見ていただき、非常に詳細なコメントをいただきました。

通常の学術書のスタイルを逸脱し、内容的にもかなり大胆な主張を含む本書を書き切ることができたのは、多くの方々の支えがあったからだと、改めて感じます。本当にありがとうございました。

また、本書は草稿を途中まで書き上げた段階で、私が所属する富山大学人文学部の社会学特殊講義という授業（二〇〇四年度後期）のテキストとして使用しました。この授業では受講者から毎回たくさんのコメントが寄せられ、それらは本書を完成させるうえで大変参考になりました。本書が多少なりともわかりやすく書けているとしたら、それはこの授業での受講者とのやり取りがあったおかげだと思います。特に第4章は授業実施時にはまだ未完成であったため、学生のコメントを採用させてもらった箇所がいくつかあります（第4章の注を参照してください）。私のつたない講義に付き合い、積極的にコメントを書いてくださった受講生の皆さんに感謝します。

新版を出すことができたのは、先に書いた通り、私をシンポジストとして指名してくださった、東北大学の永吉希久子さんのおかげだと思います。永吉さんには特に感謝申し上げたいと思います。また、本来シンポジウム報告を文章化したものは最初に学会機関誌に掲載されるはずですが、それより先に出版されるであろう本書新版に付け加えることを快く承諾してくださった、東北社会学会の役員の皆様にもお礼申し上げたいと思います。学会機関誌には、第8章の内容をより学術性を重視したものに書き換えて掲載する予定にしています。

初版の事例編で収録したものは、いずれも差別であると告発されたり、少なくとも一部の人からは差別的であると認識されたりしているような事例でした。しかし、新たに収録した「こんな人たち」発言は一般的には差別行為であるとは考えられていません。そのため、この事例を取り上げることは、差別の告発ではなく無効化を目指すという本書の立場をより鮮明に示すことができるのではないかと思います。また、これまでは言葉のみを分析対象にしてきたのに対して、新たな事例では視線や手の動きなどの非言語的なコミュニケーションも含めて分析しています。このこともまた、本書の主張への理解を深め、応用の可能性を広げることに貢献するのではないかと私は期待しています。

二〇一八年一〇月

佐藤　裕

参考文献

赤坂憲雄、一九九一『新編排除の現象学』筑摩書房。

今村仁司、一九八九『排除の構造――力の一般経済序説』青土社。

内海愛子ほか編、二〇〇〇『石原都知事「三国人」発言の何が問題なのか』影書房。

江嶋修作、一九九三「差別（の項目）」、森岡ほか編『新社会学辞典』有斐閣。

江原由美子、一九八五「『差別の論理』とその批判――『差異』は『差別』の根拠ではない」、『女性解放という思想』勁草書房。

岡庭昇、一九九四『メディアと差別』解放出版社。

月刊『創』編集部編、一九九五『筒井康隆「断筆」めぐる大論争』創出版。

坂本佳鶴恵、一九八六「社会現象としての差別」、『ソシオロゴス』一〇。

佐藤裕、一九九〇「三者関係としての差別」、『解放社会学研究』四。

――、一九九四「『差別する側』の視点からの差別論」、『ソシオロゴス』一八。

――、一九九六「『差別表現』を考える――差別－被差別関係の『ねじれ』と他者化」、栗原彬編『講座差別の社会学1 差別の社会理論』弘文堂。

――、二〇〇一『同和問題の解決に向けた実態等調査委員会委員分析報告書（府民意識調査）』大阪府。

――、二〇〇二a「部落問題に関する人権意識調査のあり方と『差別意識論』の課題――大阪府二〇〇〇年調査の経験から（前編）」、『部落解放研究』一四四。

――、二〇〇二b「部落問題に関する人権意識調査のあり方と『差別意識論』の課題――大阪府二〇〇〇年調査の経験から（後編）」『部落解放研究』一四六。

塩見鮮一郎、一九九三『作家と差別語』明石書店。

週刊文春編集部、一九九四『「言葉狩り」と差別』文藝春秋。

新保満、一九七二『人種差別と偏見――理論的考察とカナダの事例』岩波新書。

秀実、一九九四『「超」言葉狩り宣言』太田出版。

筒井康隆、一九九三a「日本てんかん協会に関する覚書」、『噂の真相』一九九三年九月号（再録、筒井康隆、一九九三『断筆宣言への軌跡』高文社）。

――、一九九三b「断筆宣言」、『噂の真相』一九九三年一〇月号（再録、筒井康隆、一九九三『断筆宣言への軌跡』高文社）。

内藤準、二〇〇三「差別研究の構図――社会現象の規範的概念化に関する一つの考察」、『ソシオロゴス』二七。

灘本昌久、一九九三「プロセス重視の差別論議を」、『創』一九九三年一二月号（再録、月刊『創』編集部編、一九九五『筒井康隆「断筆」めぐる大論争』創出版）。

生瀬克己、一九九四『障害者と差別表現』明石書店。

林道義、一九九六『父性の復権』中公新書。

林道義、一九九九『母性の復権』中公新書。

本多勝一、一九九三「正面から対決を」、『創』一九九三年一二月号（再録、月刊『創』編集部編、一九九五『筒井康隆「断筆」めぐる大論争』創出版）。

三橋修、一九八三『増補差別論ノート』新泉社。

――、一九九二「差別の定義をめぐって（序）」、差別を考える研究会編『年報差別問題研究一』明石書店。

八木晃介、一九九四『差別表現の社会学』法政出版。

山崎敬一、一九九四『美貌の陥穽――セクシュアリティーのエスノメソドロジー』ハーベスト社。

――、二〇〇四『社会理論としてのエスノメソドロジー』ハーベスト社。

山田富秋、一九九六「アイデンティティ管理のエスノメソドロジー」、栗原彬編『講座差別の社会学１　差別の社会理論』弘文堂。

Allport, Gordon W., 1958, The Nature of Prejudice, Doubleday.（原谷達夫・野村昭訳『偏見の心理』培風館、一九六八年）

Brown, Rupert, 1995, Prejudice: Its social Psychology, Blackwell.（橋口捷久・黒川正流編訳『偏見の社会心理学』北大路書房、一九九九年）

Gilligan, Carol, 1982, In a Different Voice: Psychological Theory and Women's Development, Harvard University Press.（岩男寿美子監訳『もうひとつの声――男女の道徳観のちがいと女性のアイデンティティ』川島書店、一九八六年）

Girard, René, 1972, La Violence et le Sacré, Editions Bernard Grasset.（古田幸男訳『暴力と聖なるもの』法政大学出版局、一九八二年）

Memmi, Albert, 1994, Le Racisme (Nouvelle édition revue), Éditions Gallimard.（菊地昌実・白井成雄訳『人種差別』法政大学出版局、一九九六年）

Morrison, Toni, 1992, Playing in the Dark: Whiteness and the Literary Imagination, International Creative Management.（大社淑子訳『白さと想像力――アメリカ文学の黒人像』朝日選書、一九九四年）

Sacks, Harvey, 1972, "An Initial Investigation of the Usability of Conversational Data for Doing Sociology,"David Sudnow ed., Studies in Social Interaction, The Free Press.（「会話データーの利用法――会話分析事始め」、北澤裕・西坂仰訳『日常性の解剖学――知と会話』マルジュ社、一九八六年）

――, 1979, "Hotrodder: A Revolutionary Category," G. Psathas ed., Everyday Language, Irvington Press.（「サックス『ホットロッダー――革命的カテゴリー』」、山田富秋ほか編訳『エスノメソドロジー』せりか書房、一九八七年）

Sacks,H., Schegloff,E.A., Jefferson, G., 1974, "A simplest systematics for the organization of turn-taking for conversation", Language, 50 (4), 696-735.（=二〇一〇、西阪仰訳「会話のための順番交替の組織――最も単純な体系

的記述」、『会話分析基本論集——順番交替と修復の組織』、世界思想社）
Smith, Dorothy E., 1989, "Sociological Theory: Methods of Writing Patriarchy," Ruth A. Wallace ed., Feminism and Sociological Theory, Sage.

索　引

【著者略歴】

佐藤 裕（さとう・ゆたか）

1961年、大阪府生まれ。現在、富山大学人文学部教授。
社会学専攻。

［主要著作］

「三者関係としての差別」（『解放社会学研究』4、1990年）
「『差別する側』の視点からの差別論」（『ソシオロゴス』18、1994年）
「『差別表現』を考える——差別—被差別関係の『ねじれ』と他者化」（栗原彬編『講座　差別の社会学1　差別の社会理論』弘文堂、1996年）
『ルールリテラシー——共働のための技術』（新曜社、2016年）
など。

明石ライブラリー 166
新版　差別論——偏見理論批判

2005年12月21日　初版第1刷発行
2018年12月20日　新版第1刷発行
2021年11月10日　新版第2刷発行

著者　佐藤　裕
発行者　大江道雅
発行所　株式会社　明石書店
〒101-0021 東京都千代田区外神田 6-9-5
電話　03（5818）1171
FAX　03（5818）1174
振替　00100-7-24505
https://www.akashi.co.jp/

組版　有限会社秋耕社
装丁　明石書店デザイン室
印刷・製本　モリモト印刷株式会社

（定価はカバーに表示してあります）　ISBN 978-4-7503-4767-7